此後之前

——一種生命存活的感思

▼

此後之前

一種生命存活的感思

After and Before

作者
鄧紹光 Andres S K Tang

責任編輯
何敏璇

裝幀設計
郭曉勤

■

出版／發行
基道出版社
香港沙田火炭坳背灣街26號富騰工業中心1011室
LOGOS PUBLISHERS
Unit 1011, Fo Tan Ind. Centre, 26 Au Pui Wan St., Shatin, Hong Kong
電話：2687-0331　傳真：(852) 2687-0281
網址：http://www.logoslink.org.hk

澳洲總代理
基道書樓LOGOS BOOK HOUSE
4 Tooronga Terrace, Beverly Hills 2209, N.S.W., Australia
電話：(612) 9554-3631

●

3/00初版
Cat. No. LP818
ISBN 962-457-165-1

此後之前（代自序）

此後還沒有來到，也就說著之前的事吧。

前塵往事，倒有點唏嘘的感覺。也不過幾年間的事，竟然說是前塵往事，看來心理時間的積厚叫人蒼老。這種一下子的蒼老，通常由於激變，且是沈重的激變。譬如說，一夜白頭的故事。

尋常人八年、十年間的經歷、轉變所帶來的打擊，都集中起來而變得沈重，必得於一、兩年間面對、承受，怎麼可以不叫人蒼老起來。一夜白頭具體形像化這種蒼老，把內心那種難以說得分明的轉變，徹底地表現出來。一夜，白頭。

大抵，這兩年間寫的散文不無流露這份心情。文不如人。文章的氣質總叫人難以想像如我這般年紀的作者。至少，這是這兩年間的文章予人的印象。此後如何，自不可知，雖則也想改變風格。只是此後之前，文章已成，生命如此經過，亦不可改了。

此後如何，不獨是寫作風格與內容的問題，同時也是存在生命的經歷。我只寫我的經歷、感觸。當然，之前如何，經過一段日子，有不一樣的看法，也是說不定的。只是，還是說不定的，因為此後如何，誰說得準？

之前，還是不能說得準，如果對之前的了解總是繫於此後的經歷。可是，或許事情又會反過來，也說不定。此後的經歷，決定於之前的了解。又或者，複雜一點，此後跟之前，千絲萬縷，根本不能簡化，最好說是辯證互動吧。

是以，雖然說著之前的事，卻也不能完全跟此後無關。如這或如彼地解說著，或許也會如這或如彼地在一定程度以及範圍內決定此後。而此後的種種，亦有不一定儘然符合之前的解說，於是只得增刪修改，重新了解。

於此，雖則說著之前的事，雖則說著之時有點唏噓，只是此後如何，此後的寫作風格與內容以及當中透露出來的感觸如何，如何牽纏之前的種種，即使過後，還是不易說得分明。

生命之此後之前，自非易事。解說生命之此後之前，又豈是易事。

一九九九年十二月二十二日

目錄

輯一 心病

輯二 餘事

輯三 以外

輯四 讀後

輯一

心病

心病

彷彿，缺失都是最好的。英國那三年，埋首論文之間，老惦記著此間遠隔的人與事。心如斷線風箏。雖未至夢牽魂纏，午夜醒來，此身是客的感覺，滲透全身。此心屬誰？不覺淒然。

記憶，大抵都是美化了的，好支撐此刻離家的生活。眼前自是一片風景，心所繫者，卻不在此。因為惦記著美化了的記憶，就趕著回來，以為心可以安頓下來了吧。曾經熟悉的人與物，曾經生活的脈搏跟著這個城市的節奏起落，赫然，竟是那麼陌生。

離家不過三載，緣何陌生？

回來已過三年，心所記者，舊日的安寧專注，簡樸無巧，清明的心靈，直快的人際。出去轉了一圈，多了一種別的體驗，塑造了另類不一樣的記憶。或許，不過是惦記著另一個美化了的記憶；因為現實，總是缺憾處處。

心，總在浮動、煩躁、不安，生活是不是可以有另類的選擇？浮生於浮城，此心浮躁不安。緣何周遭的人那麼篤定？若無其事，還是習慣麻木？無可奈何，抑或甘之若命？都不打緊了，順應追趕的節奏，早已糾纏難分。在追趕的節奏中，這些都已掠過了。

午夜夢迴，驚覺此身已非客，一身冷汗。此心浮躁不安，不覺淒然。那美化了的記憶，曾經體驗過的美好，成了遙遠的理想。

退後一步，海闊天空。守住一角自家城牆，好騰出空間整理肺腑，實是不易。總有人想要侵佔、攪擾。縱使守住了，也費耗心力不少。縱使守住了，背後的指點早已如箭在弦。

沒有停步，只爭朝夕，如何能理解、同情？身在滾滾洪流中，迸發生命才情，顧盼自若，怎麼能理解、同情？自我放逐，遂成了出路。一路上捨棄、抖落，難免換來種種奚落與數算，於是，還得繼續捨棄、抖落人間的一切。

以為已經歸家了，原來此心另有所屬，那美化了的記憶。那麼遙遠，又是那麼真實，卻是此心安頓之所在。離開的那天說過：出去是為了要回來。或許，出去是為了攫取另一種美好的記憶；那麼，回來後，身已在此間，就得在一片喧鬧流行中，開拓出一處安心之所，再現那曾經經歷，卻又美化了的記憶。

一九九七年十二月八日

夢想

三十歲之前，決定半途出家。

過了二十五歲，心念愈深：三十歲是個人生關口，好歹有個努力的方向。自己不是念神學出身的，那是成了基督徒之後的決定。那年還在大專修工商管理。原想進大學念中文，結果面試的機會也沒有。可大專時又不務正業，人家忙於準備投考這種那種專業資格，自己盡是流連文史哲社科一類的書店。

從二十三歲到三十三歲，十年光陰，潛龍勿用。四年念哲學，六年念神學。青年人精力最旺盛的歲月，都投進思考玄理鑽研學術的精神世界去了。為了追逐心中的夢想，也不顧要改善家無餘錢的困境，有吃有穿就成了。沒有想過機會成本。

半途出家的機會成本有多大？人都喜歡計算。年輕的時候沒有計算，只按心中意願去行，讓夢想燃燒引路。沒想到計算，自然也就沒想到後悔。一往無前，大有一種「雖千萬人吾往矣」的氣慨。或許，年輕的歲月本來就是造夢的歲月，或許，年輕生命的無限可能性叫人可以不顧一切。或許，那個時代，那個年頭，孕育著如此這般的行徑。

如今，十年已過，還是潛龍勿用。踏上了神學教育與研究的道路。幾年的日子，方才切身認識，這也是一個江湖。江湖自有江湖的規矩。這是現實。而夢想，只屬一小撮人，一小撮位高權重者。半途出家，只是從那一個江湖轉到這一個江湖。風波險惡，還是有的。現實哪有圓滿無缺。

三十歲之前，選定了這江湖。三十歲之後，身在這江湖。夢想仍存。沒有夢想，如何生存下去？可這已非英雄式的夢想，因為不在權力中心。落在江湖的邊陲，隨遇而安，也隨機而動，倒是清靜乾淨。

邊陲自有邊陲的夢想。邊陲可以遊戲，邊陲可以悠閒。悠閒可以靜觀，遊戲可以批判。何必亟亟擠入核心，算盡機關。存身保命，又有幾人？

半途出家，為了追逐夢想。趕了這趟渾水，修改了夢想，還沒有悔意，且看日後造化。

一九九七年十二月十六日

搬家

結婚將近十載，搬家六次。

人要離開父母，與妻子連合，建立自己的家。差不多十個年頭，這家就隨著夢想的追逐，不得安頓。結婚不過數月，搬進了神學院的已婚宿舍。為了念神學，把剛建立的家置於陌生的校園。男人都是沒心肝的，那想到妻子的適應有多困難——原來與父親相依，如今左鄰右里盡不相識，新的身分新的關係。空間的轉換帶來了人際的調適，這調適，幾多是割離的傷痛，幾多是生命的豐富，豈為我知？

三十歲前，心都是向外闖的。跟母親共住時，家是睡覺跟藏書的地方，下班後進修等閒事。一晃五年，心中沒有半點想家。母親的牽掛，我已不可再知。婚後日間上課，晚上四處搭訕，就是沒能安安靜靜地留在房間。一晃三年，心中沒有半點歉疚。以為身在校園，校園就是自己的家，也是妻子的家。妻子的難過，我是那麼無知。

三十歲後，是英格蘭的曼徹斯特，蘇格蘭的聖安德烈斯。如此方知搬家的割離。如此方知追逐夢想的代價。睡夢常見母親臉容，電話那邊從沒半句催促歸家，容許至此。更得珍惜眼下的妻子、朋友、鄰居……。真實的生命，終究不過如此。那些日子，簡單無雜，兩口子相看竟是不厭。給朋友家人寫信，已成家常。佇候來鴻，是每天的生活。遠朋近鄰，把酒促膝，成了生活的盼望與支取的記憶。

從異鄉搬返，終斷了撾心的疏隔，卻烙下了美化的悠閒。四年不足，搬家兩次，都是百感交集。搬一次家，就是捨離一種生活方式。頭一次捨離了共事的人際，投進另一環境，從巧變歸回平實。居於山中，女兒若山也在那段日子進入我們山居的悠閒。這一次捨離了自然，住進鬧市，不再與山為鄰，只為讓孩子有更好的照顧。得失之間，原來夢想已非個人的。

搬家，不純是家當的位移，它見證著生命的歷程。十年種種，隨著搬家而生起，流轉，終斷。然後，沒入記憶。

一九九七年十二月二十三日

山居

心遠地自偏。短暫、出神。絕非平常生活。

倒是經驗告訴我，地偏心自遠。這是常情。

曾經住在山中。讓山環抱，感覺多好。安穩。靜穆。深遠。端一杯茶，呆坐陽台，看著對面不遠的山出神，偶爾翻一下手上的書，細讀幾行，抬頭仍是先前的山。山，叫人心安。

山中有風。風，氣之流動。肉眼看不見。看見的是落葉飛舞、坡上草叢搖擺。物動，風動。風動，物動。而山，終究不動。山不動，心自有箇安頓處。於安頓中，心見風動而不亂。

我的經驗是，地偏心自遠。

教學、寫作、研究、生活，都在山中。跟山形影不離。這絕非空間的關係。這是生活形態的一種。一種生活的形態，塑造一種生命的氣質。或許，更真確的，該是「裏應外合」，互相呼應。

愈來愈討厭虛浮淺薄，愈來愈拒絕高言大志。宏大的遠象，如彩色泡沫，躲在背後的是矮化的自我。舞台上種種英雄好漢的角色，舞台下種種觀眾的喝采掌聲。種種虛幻假相，由此而生。

我遂鍾愛山。住在山中，偏離了繁華的喧鬧，照面的是樸實無巧。住在寧謐中，讓種種幻相浮現，察識自己是何等面目。無所遁於真實本相，讓其層層顯現，也層層剝落。

直面自己，於人迹渺然的山中。空間一下子拉闊了，毋須扮演，不用遮掩，遂能沈潛養志，不為人間種種繽紛所惑、期盼所牽，專心一己生命之所向，而終究無悔。

山不動。心不亂。居於山中，以山養志。端一杯茶，神遊辦公室窗外同樣水平的山頭，讓時光在呷茶與眺望之間流逝，心中一片澄明。而寧謐，則如風而出，遍潤全身。

山居，於我，可以如此。

一九九八年一月三十一日

市居

一條火車路軌，東西兩分，劃下了高尚與市井的邊界。傳說，這幾條街曾經風光，好多好多年前。如今，倖存的低層一梯兩伙，垂垂老去。散落當中的清吧，讓人停步暫坐，獨飲，共醉，走進另一世界，借酒精的鬆弛與想像。

市井那邊，滿了買賣的生氣。原來也是個老外跟同胞的旅遊點。因著文化的距離，多了一份自覺，倒是不易沈醉，迷失自己。只是，局中人缺乏一個局外點，一切理所當然。繼續熱鬧。飲食、男女、觀戲、聽歌……人聲鼎沸。

都是一盤生意，分別只在賣些甚麼。都是一束感覺，分別只在買的種類。讀書人流連二樓書店，走下這間，走上那間。來回往復，中間的那一段路程，是何等心情？放下鈔票，拿起黑字白紙。以為擁有知識，沾沾自喜？還是帶走消費的符號，化身某類知識分子？

這個曾經山居的讀書人，能倖免於符號的同化麼？抑或，住於市而不屬於市，出入自如，山居生活早就練就塵污不染的能耐？或是，山居不過是另一組符號，意義早跟事物本身脫鈎，成了欲望追逐的對象？

欲望的街道，欲望的城市，盡是欲望的符號。而人，不知不覺間，也化成符號，成了人家欲望的對象、自己欲望的對象。現代的讀書人，最懂得自戀，也最懂得販賣自己。

離開市井的那邊，踏入曾經風光的這邊，漫步走過散落當中的清吧，在華燈初上的一刻，投進了想像的世界。一書一酒一世界。渾然忘我，不知天地之流轉逝返。

然後，已經身在那奔往山區的火車，朦朧但覺路軌東西兩邊倒退，消失；解體，漸次浸入風中、林中、靜穆之中。餘下不住的搖晃，寬口的矮杯。

一九九八年三月五日

舊居

三十多年。曾經叱咤風雲，黑道據點，早已破舊，老化。拆毀，重建。每次回去看望母親，走過從前每天走過的道路，走進記憶的從前。一路下來，拆毀，重建，隨著這個社區。

這是個草根的社區。那年念小學五年級，家中置了部電視機，黑白的。從此不再跟弟弟蹲在人家門檻觀望屋內的電視節目。從此不再看見父親。從此父親再也看不見兒子下學期考了第三，好證明不是窩囊。買電視機的錢，是父親肺積塵離世的帛金。

這是個草根的社區。老死平常事。母親身影的孤單愈加明顯。中學畢業那年，外婆骨癌離世。從此家中安裝了電話。從此兄弟二人各上大專大學，各自另有自己的世界。從此家中愈加冷清。母親是如何度過的？

曾經在貧窮線上掙扎，領過公援，從沒嘗過小康。跟好多好多當年獅子山下的家庭一樣，沒有先天的優勢。每次回去看望母親，走過從前走過的道路，層層疊疊，一份難紓的鬱悶，經常襲上心頭。

天性愚魯。人家幼稚園低班已琅琅上口無數英文單字，我啞口無言。中學跟大專活在混沌渾噩的光影中，只得在已過的時機付出倍計的時間與心力，將勤補拙。此後十年磨劍，又是否汲汲想要證明自己不是窩囊？付出了忽略身邊至愛的人的代價又是否補償得了？

每次回去看望母親，走過從前走過的道路，不斷生起錯過的遺憾，也不斷計算補償過了多少的遺憾。只是，補償過程中生起新的遺憾，又該怎樣去補償？生命難道以補償與遺憾交織而成？抑或總有難平？

隨著拆毀，重建，從前走過的道路都已被掩蓋了。那個母親獨自居住了最後七年多的家，已經沒入記憶。母親獨自居住了七年後離去，成了記憶中永遠不能補償的遺憾，一生一世。

從此，踏著從前走過的道路，回到舊居，看望母親，午夜夢迴的時候。

一九九八年三月二十六日

憂傷

孩子，看著你，我無端憂傷。緣何憂傷？

舊日那種一臉混沌，已不復見。原來只能憑聲音、靠體味辨識，如今眼目已靈。離開山居你才四個月大，還不懂四處張望，可是現下你雖經常不語，卻默默地觀察周遭。帶你上街，周遭的風景人物，你聽、你觸、你看。你動用更多的感官觸覺去跟周遭世界打交道。

襁褓的歲月將悄然過去。當專注此刻的你，我無端憂傷。我無法留住舊日。我無法留住那段搬家前獨自看顧你的日子。帶你一起上課，跟你留在家中寫稿，抱你到健康院注射檢查，在你的眼目範圍內執拾家當。我無法留住。換尿片，泡澡，餵奶，逗你玩耍，看你入睡。我無法留住。

我遂以記憶與文字追捕這一切。

早上，你看著爸媽出門。你曾經一臉無知。傍晚，你看著爸媽回來。你曾經一臉無知。當那天，我早上看到你眼裏的出神，傍晚看到你嘴角的笑容，我就知道時間正一點一滴過去。於你，是生命的成長、綻放。於爸媽，是生命的衰老、消逝。此消彼長。

從跟媽媽住在醫院嬰兒室，到回家渾噩一片獨睡嬰兒牀如今睡在爸媽中間成了第三者；從每兩小時吃一次奶叫爸媽晚上沒覺好睡，到日間只睡一、二小時卻又晚上三、四次驚醒要爸媽擁在懷裏才肯安睡……。這一切都留不住，在不經意之間成了過去。生命將不斷如此重複。是幸，抑或不幸？

這一切都留不住。日後，將要出現的生命種種，都留不住。生命將如此不斷重複。只是，當生命不再，重複也就戛然而止。當預見如此不斷重複的生命將終於老死，我的憂傷，由是而生，當預見這一切都將以老死終結。

孩子，有天，爸媽將老死遠去。終究，往日的一切幸與不幸都留不住，你只能在記憶與文字中追捕這一切。孩子，在記憶與文字中追捕這一切，憂傷會否赫然襲上心頭？

孩子，看著你，我看見憂傷。由是，我無端憂傷。

一九九八年四月二十一日

十年

十年生死兩茫茫。

這是蘇軾在妻子死後十年所寫的《江城子》的頭一句。

無端想起這一句。跟妻子結褵十年，無端想起這一句。從來都不是模範夫妻，也沒有想過要當模範夫妻，至少，我沒想過。生命，有太多的稜角；生活，也有不少的難測，隱伏了矛盾、衝突的火線。最終，是一個意志要想壓倒另一個意志的舉動。

十年生死兩茫茫。十年。還有幾多個十年？數算一下，一個？兩個？三個？四個已經不大可能了。十年結褵，不經不覺，舉手投足之間，已然過去。往後的，又怎會例外。縱然如此，剎那醒覺、體會，可以徹底扭轉好強的意志嗎？甚麼時候才可大死一番，然後大生過來？這是人生的悲哀。

此一意志之生以彼一意志之死為條件，代價太大了。較量之間，如何管得到。傷痕纍纍，分別只在入肉有多深。過後，懊悔之餘，惟有自詭：總算死不了。調侃彼此折磨，互相虐待，閒話家常拿出來嘻笑把玩，總較不知不覺或視而不見健康一點吧。

傷痕纍纍，入心入肉，因為對方是至愛的人。不識不知，與我何干？因為愛，所以受傷；愛得愈深，傷得愈重。因為對方愛自己以致受傷於是自己傷上加傷因為仍然深愛對方。糾纏難分。不要美化這一切，溫柔的暴烈是生命最詭祕的罪性。這一切都是人生的悲哀。

茫茫然，日子就如此過去。相知相愛中，還是夾雜傷心。是相知不夠，相愛不深？抑或是此一意志總要強過彼一意志？權力意志勝過相知相愛？拉扯，掙扎。甚麼時候，強力的意志可以跟隨溫柔的愛心，成了溫柔的意志？甚麼時候，溫柔的愛心可以帶領強力的意志，成了強力的愛心？

十年生死兩茫茫。難道真要待到生死兩茫茫，方才情深意切？十年，無端想起這一句。

一九九八年五月六日

六四

六月四日。那一年，我們為甚麼選擇了這天？那一年，他們為甚麼也選擇了這天？

六月四日，紅色的日子。中國人喜慶的顏色。中國國旗的顏色。多麼希望只是巧合。永遠可以讀出另類的意義，顏色，隨著歷史種種事件而染上意義。混雜，迷亂，顛覆，浮動，沒有固定不移。問題是，誰在注釋解說？

只談喜慶吧。喜慶？要等幾多年後，這日子才是喜慶？怎麼了？盡在談偉大的歷史敘事？難道當下此刻無數年的這一天人間無喜慶？那年那日，妳披一身雪白踏上紅毯，在眾人的見證底下，訂下了盟誓；在眾人的簇擁底下，走進人生的另一階段。難道不是喜慶嗎？

就只有那一年的那一天，國事天下事，與我無涉。然後，無端纏上了宏大的歷史。可別逃避。要逃避的是甚麼？兒女私情？抑或民族苦難？燭光下的纏綿細語？抑或燭光下的抗議吶喊？也許，逃避不了的是這個無端的困局。

然而，這真是一個困局嗎？還是借困局作口實，好合理化自己的不上心。這一天，怎麼不可以慶祝？這一天，怎麼不可以兩口子靜靜地吃一頓晚飯？君子之道，造端乎夫婦。踏實地生活，愛惜身邊的人，並不容易，在一個遮掩、欺哄的世代裏。

人，擅於忘記。忘記殺戮，忘記慶祝。只是，時刻都沒有忘記自己。站在一個有利的位置，借可用的歷史注釋解說自己的抉擇與行動。怎麼牽涉到那偉大的歷史敘事？怎麼自辯說紅色的日子不好慶祝？紅色的日子豈不該要慶祝嗎？

六月四日。一九八八年，我們選擇了這一天。一九八九年，他們選擇了這一天。紅色的日子。

一九九八年五月二十七日

浮淺

害莫大於浮淺。

明末清初大儒王船山說了這樣的一句話。

喜歡這句話，起初只因為它的魅力。振發心靈，提撕精神。喜歡這句說話，可並不真切了解。那想到這是亡國沈痛之語。一個朝代的崩落、倒坍，又豈只是一個朝代的國祚的完結。文化、身分都隨著崩落、倒坍，還剩甚麼？白茫茫一片真乾淨。

已經不再喜歡這句話。亡國沈痛之語，怎能喜歡？只能默然思之、哀之、悼之。然後識之於這一世代。可是，識之於這一世代又如何？察見種種崩落徵兆、倒坍先聲，隱於繁華煙花背後，那又如何？火紅的年代在那遙遠的過去，走過來的都不再熱血。

在借來的時間，彼此欺哄度日，趕上經濟快車，營造華麗。浮淺的華麗，如煙花如泡沫。一剎那的光輝，卻錯認成永恆。不過一廂情願，彼此欺哄，浮華度日。畢竟，若不如此，那又如何？

華麗的謊言，都崩落了，都倒坍了。白茫茫一片，都迷失了，都不知所措。

我只有讀書。

從外在崩落的世界倒坍的世界，轉過來，察看一己的生命。讀書是一種映照。映照，可以提醒，可以喚醒，可以驚醒。怵然而驚，原來自己生命的本相是那麼零落、破碎，那麼淺薄、襤褸，那麼不堪入目。

從外在崩落的世界倒坍的世界，轉過來，沈澱一己的生命。讀書是一種凝聚。凝聚散亂、失魂的心靈。凝聚然後可以篤定、不疑，泰山崩於前而色不變。無驚、無懼；不可歇止的只有沈痛。

都崩落了，都倒坍了。只有浸入文字的精神世界裏沈澱這沈痛。

浮生於浮城，「害莫大於浮淺」成了警語，成了讖語。浮淺的生命住在浮淺的城市，活現一個浮淺的年代，然後一道沒入浮淺而華麗的泡沫。崩落，倒坍。

我只有讀書，讀王船山的書。

我只有以讀書來鎮靜心神。

害，莫大於浮淺。

一九九八年六月二十一日

輕重

生命是輕，還是重？我想起捷克小說家米蘭·昆德拉的小說《生命中不能承受的輕》。於是，我把玩生命的輕重。生命是輕，還是重？然後，我得出這樣的結論：沈重的生命，承受不了生命中的輕。

多麼簡單。重又豈能跟輕共存？根據據云是等同男性的理性中的矛盾律，重跟輕是互相矛盾的，因為重是輕的反面，輕是重的反面。然後根據據云是等同男性的理性中的排中律，則只能在重與輕之間，任選其一。如是，我乃得出這樣的結論：因為生命沈重，自然承受不了生命中的輕。

但這真的是我的意思嗎？不。我的思想要複雜得多。我的思想是辯證的。甚麼是辯證的思想方法？我這就示範。因為生命沈重，所以變得輕浮；因為生命輕浮，所以承受不了那重得可以的輕。物極必反。沈重到了盡頭、極端，走向其反面，這是德國哲學家黑格爾的思想。自我否定。

我在把玩生命的輕重。我在以概念把玩生命的輕重。但這不是知性的概念，不是非黑即白；這是辯證的概念，黑白互相過渡。我在談玄？想想生命的生與死，就夠清楚的了。生之盡頭、極端是死。一粒麥子死了，結出許多子粒來。生命的生與死，是那麼具體。生命的輕與重，也是那麼具體。

「生命中不能承受的輕」。生命沈重到一個地步，摧毀生命。這是生命中最深沈的悲劇。自毀、毀他。生命沈重到一個地步，成魔。魯益斯的一句話響起耳邊：「愛，從它膨脹為神的那一剎那開始，就會淪落為魔。」人的生命如何可能如上帝的愛一般沈重？由是，我乃強調生命的輕。反璞歸真，何必背負非人力能及的沈重。

「生命中不能承受的輕」。說得倒輕鬆。我在以概念解說著這一切，盡是紙上談兵，切身的經驗不見諸於文字。或許，因為我是個男性；或許，因為我是個男性的知識分子；或許，因為我是個念哲學和神學的男性知識分子。於是，我以概念把玩生命的輕重，從事後設的反省。保持距離，不必觸及內心的傷痛，以概念掩飾一切。抑或，我在寫作的過程中，早把傷痛翻來覆去，只是不見諸於文字？文字以外，還有故事。

一九九八年七月十六日

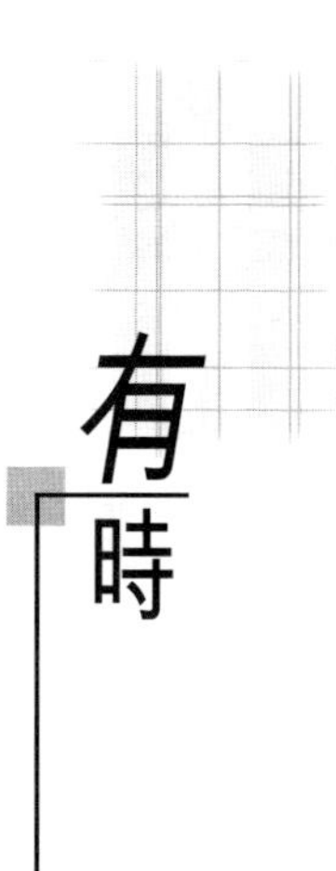

有時

有時。拆解開來，有、時。連合起來，有與時。德國現象學家海德格著書名《存有與時間》。孩子，我何以談到這些？生有時，死有時，談到這些也有時。

孩子，與其說時間，倒不如講時機。孩子，你快滿一歲了。趁你快滿一歲，我就談有時。這是借題發揮。恰如寫這個專欄，也是一種時機。於是，我乃趁時機演練文字，鋪陳心事，揭示生命的另一面貌。

天下萬務都有定時。我乃趁時機談有時。然而，我的趁時機，只因為，孩子，你在我的生命中出現。你的生命的綻放、湧流，呼喚著我去回應，去跟你打交道。孩子，看著你，叫我不由自主地墮入沈思。我以沈思去回應你生命的湧現。

我思，故我在。孩子，我因你而墮入沈思。我的思想隨你生命的變化而流動。一如你坐在學行車上游走不定，無法固定。孩子，你自有你的生命韻律，如自然之四季，各按其時，成為美好。生命在時機中湧現、成就，時機也在生命中湧現、成就。

孩子，你是誰？我無法回答這個問題。或許，我是錯問了。在日常的打交道之中，這個問題沒有興起過。孩子，面對你，我是面對一個具體、活潑的生命。你哭鬧著摔東西，你嘻笑著抽取爸媽的藏書飛舞，你拉扯著要我們抱在懷裏，你堅持玩耍卻倒在玩具中沈睡……這一切，我遇見的是有血有肉生命的綻放；迎面而來的是躍動的生命。

由是，孩子，我的沈思乃由遇見而來。我怎麼可能把我的遇見以種種成人世界的概念、價值，固定下來，好去回答「你是誰」這個問題。我的沈思，不過是解除成見；我的沈思，不過是去掉隱蔽。這樣，我就能讓出寬敞的空間，容你進入顯現，跟我的生命照面。孩子，我願你喜歡這空間。

我思，故我在。孩子，我以解除成見、去掉隱蔽的方式來讓你出現在我的思想空間。孩子，當我這樣回應你那躍動無方的生命，我方才體認自己生命的狀況。你的出現，成了我生命體認與轉化的時機；我的生命，乃隨你的生命的變化而流動，不斷剝落偏執、化解桎梏。應物不累。生命，總有其時機，生有時。

孩子，你生命的時機，也是我生命的時機。在你生命快滿一載的時機，我趁時機寫下生命中的有時。孩子，我因遇見的時機，而沈思、寫作，而存在。因為，天下萬務都有定時。

一九九八年七月二十五日

舊夢

鐳射唱盤反覆播著《舊夢不須記》。我反覆聽著鐳射唱盤播的《舊夢不須記》。羅文唱的男聲版本。那麼溫柔，又那麼哀傷。怎麼可以無怨？真箇哀而不怨。舊事早已逝去，從前種種恩怨卻早已入夢。既已入夢，又那能還你？

若能還你從前種種恩怨萬千情恨，那該多好。也就不必欠你，不必虧我。也就不必如此多夢。都還不了。早已入夢。前事的喜與淚，都過去了，幻化成糾纏的思憶，不經不覺間。事過境遷，以後不再提起；在夢中一再重現，延續從前種種恩怨萬千情恨。

既已自尋路向，又如何保證得了重遇必然緣再續。再見已不再相認，如今情愛早已付給如今的女人。就讓從前情愛，沒入夢境，在夢境中還你這一切，了斷這一切。都不如願。夢已留痕，一生一世。那還得了，那了斷得了。難道不再相認，偏在夢中延續這曾經有過的糾纏。

再見不再相認。那一年，遠遠的看見你；都那麼多年了，以為不會再見你了。我繞道而行，遠遠的望你，一樣的短髮，清減了。我想，你會認得我嗎？你會認得這個從前送你元好問的《摸魚兒》的我嗎？那天我在滂沱大雨中遠遠的望你，然後遠去。那天，我依舊認得你。

再見不再相認。那一年，我回來了。我帶著你曾經渴望後來又視如糞土的學位回來。拿起電話的聽筒，遲疑了，好不好告訴你我回來了。電話那邊是你媽，說你不在。如釋重負。你既不曾曉得我離開過，又何必要知道我回來了。那天，又是誰離開誰，在糾纏難清的喜與淚當中？

再見不再相認。那一年，舊同學的聚餐上，你懷著孩子，身邊的是做醫生的丈夫，一臉幸福。你會認得我嗎？認得那又如何？少年的癡情，曾經深嵌進你的心頭嗎？你在順遂中走進大學，走進戀愛，走進婚姻，走進家庭。我則自有自己曲折的道路。我們原來就是兩個世界的人。

反覆播著的《舊夢不須記》，夢裏你可會細細地為我哼？「從前情愛，何用多等待，萬千恩怨讓我盡還你。」翻出雷安娜唱的女聲版本，細細的聽，聽你細細的為我哼。一遍又一遍。一切都不過是遺憾的補償，借難斷難了的夢，延續那曾經有過的糾纏。

一九九八年八月二十五日

習作

我寫的，都不過是習作。是的，那些滿布概念，論辯枯澀的文字，都不過是習作。看得懂也好，看不懂也好，我寫的那一些文字，都不過是習作。習作就不是定論。不，不是天經地義，不是不可斟酌。還是可以討論的，再三思考的餘地仍然多的是。

別說謙虛。我不以為這是謙虛。也許，對於某些人，這是謙虛。只是，對我來說，不過實情而已。我得面對，正視這一實情。也不容易。謙虛容易，面對實情就不容易。君子慎其獨，撫心自問，只向自己交代，寫的文字真的到了一字一句不可易的地步？背後冷汗直流。

拿了博士學位又怎樣？得了博士學位，不要以為也得了學問。牟宗三的話切要：「博士只是個入門，只表示你可以吃這行飯，並非表示你有學問。」拿了博士學位回來，回頭審視自己的論文，方才看出客觀的了解還不透徹。人家的褒獎固然鼓舞，但以為那是實情就不免自欺。

這幾年間的文字都不過是習作，那拿學位的論文更是習作。牟宗三論到唐君毅五十歲以後寫的「中國哲學原論」，說只能當作rough work看，是需要修改的；因為他還是根據他三十歲左右所了解的程度來寫。很不客氣。牟評己更嚴：「至於我五十歲以前所寫的那些書，你們不要看。」

五十歲前寫的，不要看。五十歲前寫的，都是習作。這是功夫的問題。「一般人在四十歲以前的了解程度是不夠的，還在奮鬥，還在摸索。」那四十歲以後呢？三十歲不能立，四十歲總可以了吧。十年奮鬥，十年摸索，還不能成一家之言？四十歲，「還不能真正處理問題，所寫的論文都是試探性的，是不能算數的。」

怎不冷汗直流。拿了博士學位之後幾年，牟的那些說話，方才在思想中跑出來。從前看過了，只是不曾進到生命裏去。要做學問，概念總在那裏浮動。功夫下得不夠，很容易靠聰明，結果徒有花巧，不過發揮自己主觀的一套。身邊太多這樣的鑑識。

五十歲前成一家之言的，還是有的。德國的海德格（Heidegger），法國的德里達（Derrida）。英才早發，洞見深遠。到底是少數。而我，卻不屬這少數。我寫的，都不過是習作。至少，這些年間寫的文字，都不過是習作。實情，本是習作。

一九九八年九月十三日

落寞

文字以外，還有故事。因為尚未表白，就生起想望，好似文字以外的故事，更勝文字之中的。因為文字自身是缺陷的。不執而執。故事不在文字中，故事也在文字中。在而不在。

眼前故事的文字，言不盡意。每次翻開《五十自述》，概念、事件，抽象、具體，白描、論辯，引述、創造，一併俱現。安排得那麼順適、自然，一氣呵成。這究是何種故事？這是自傳的故事。這是牟宗三的自傳故事。

言不盡意。言語是指點，是烘托。如何可能說得盡？說盡了，即說死了。說的是種種人生景況。單是章題就那麼耐看。「在混沌中長成」、「生命之離其自己的發展」、「直覺的解悟」、「架構的思辨」、「客觀的悲情」、「文殊問疾」。牟以自己的哲學思辨透視自己的生命歷史，全無隔閡，混然一體，貼切，自有其風緻。

還說落寞。落寞而不落寞。一眼定在這裏，心有所感。感，是感通；感，是感觸。通，是通於那境界；觸，是觸及那境界。落寞而不落寞的境界。這是生命的照面；照面而相契，遂有此感。因照面他人的生命而自覺，而凝聚，而定於此。

然則，何謂落寞而不落寞？那景況是混沌。牟說，「落寞，但個體的我並沒有凸顯出來」。落寞，因為「眼前不是所親所習的人世，而是另一個世界」；不落寞，因為「個體的我並沒有凸顯，雖無所親在眼前，然亦不覺其生疏，不覺其不親」。

雖有分別而無分別，一片蒼茫。也就無所謂熱心、無所謂冷淡，雖世俗人不免誤解，此亦無可奈何。牟一生企向此一混沌、蒼茫的景況，正是如此，他能作學問，冷冷的觀照。

客觀的悲情，固然可以冷冷的觀照，處抽象非存在的領域內思考以求得一確解。縱使主觀的心倦、心病，亦可冷冷的觀照，「讓其『內外全空而痛苦怖慄』之感無縈絆地浮現著」，依其實感而作學問，詮解經典。

由是，牟的學問乃他生命的學問，牟的故事乃一落寞而不落寞的故事。由是，牟的文字乃投入而不投入，於陌生、疏離中透出生命的悲情。

由是，乃知自己何以如此鍾愛《五十自述》。

一九九八年十月一日

女人

聖經舊約創世記的記載：

這是我骨中的骨，

肉中的肉，

可以稱她為「女人」，

因為她是從「男人」身上取出來的。

這是獨白。一眼就看出她是自己生命的一部分，卻又一眼就看出她有別於自己。如獨白的說話，雖出於自己，又客觀成了聲音。成了對白，成了絮語。

那次聽到的不是獨白。第一次聽到父親向人介紹母親：「這是我的女人。」就只一次。母親是女人，她是父親的女人。母親不是面目模糊，眾多女人中的一個。她是父親的女人。

父親說得那麼動聽，彷彿不在介紹。固然不是獨白。那是對白，是跟母親講的：「你是我的女人。」間接的，繞一個圈子，轉折地經過第三者，跟母親講：「你是我的女人。」

是對白麼？還是絮語？戀人絮語。

聽過父親跟母親的絮語。就只一次。面對面的。面對面坐著閒閒說話。母親在做甚麼菜餚似的。也許是父親最愛吃的魚肉釀苦瓜。父親很不經意地說起往事，感情的往事。很不經意地。

父親原來也為其他女性所愛慕。他說：「你還沒來的時候工作的地方有個女工對我很好……我一心記掛著你等著你下來……」沒有「情」、「愛」的字眼。會不會每一字每一句都是以情以愛釀成的絮語？

「這是我的女人。」聽在母親的心裏，成了「你是我的女人。」會是這樣子嗎？飯前桌旁的絮語，聽在母親的心裏，成了如蜜的果子叫人醉醺，會是這樣子嗎？

也許男人的獨白也是對白也是絮語。因為女人的緣故。因為女人的緣故所以說話。因為女人跟男人不即不離若即若離所以說話也就既是獨白又是對白且是絮語。曖昧。糾纏。

男人因女人而說話。那女人是那男人的女人。那男人因那女人是那男人的女人而說話。獨白，對白，絮語。

父親說：「這是我的女人。」聽在母親心裏：「你是我的女人。」

一九九八年十月十七日

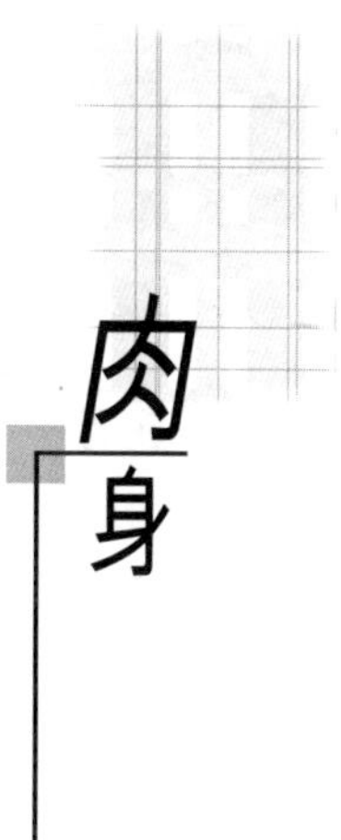

肉身

——記念母親離世三年

據説，肉身是沈重的；只是，我看見的肉身卻是破裂。母親，我從你的肉身看見破裂。在衰敗的肉身中我看見生命的破裂。何以你能默默承受，極少怨言？抑或我是瞎眼的，看不到你那肉身的控訴？

走過的歲月有多艱辛，你已沈默無語，我就只能透過殘存的記憶去捕捉——從你那衰敗的肉身。你臥病在牀，痛得不能轉動，安靜地讓我替你清潔你的肉身。鬆弛、縐摺、乾枯。生命破裂的標記。

我的手觸及衰敗。衰敗從來沒有如此接近，彷彿是我自身的衰敗；不，正正是我自身的衰敗，我手所觸摸的。母親，你肉身的衰敗，這一刻，原來為我肉身的衰敗。於是，衰敗乃如此接近。血脈相連，破裂終不可免。

癌魔，肆意侵蝕肉身與心靈，撕破層層網絡，割斷種種關聯，肉身的與心靈的。母親，你承受的傷痛有多沈重？你從我口中親聞醫生的診斷對我說：這病不會好的了，是嗎？你知道不會好的了，你知道破裂終不可免。

終不可免，生命的破裂，母親，從懷胎的肉身開始。衰敗由此開始。衰敗由破裂開始。因你肉身的破裂，母親，我乃離開你那溫暖的子宮。割斷由臍帶開始，預示日後，生命的割斷，終不可免。此後，我不斷離你而去。

這病不會好的了。我知道生命的割斷，終不可免，就在這天我把醫生的診斷轉告你後替你靜靜清潔你那鬆弛、縐摺、乾枯的內身。終不可免。心頭因撕裂而來的亟痛，終不可免。我心頭的亟痛，母親，只怕更添你肉身的破裂。

或許，肉身是沈重的；因為必須背負那終不可免的破裂，以及由此而來生命的割斷。破裂與割斷，原來是沈重的。當一切終將隨肉身而灰飛煙滅，我惟有等待，再生的日子。這是我惟一的執著，於破裂與割斷的今生中。

一九九八年十一月十一日

情識

如是我聞。

五音觸動耳識，耳識觸動意識，幻化一場情劫。

於你，是必然的，抑或偶然？我輾轉聽來的故事；無驚訝，無詫異，彷彿聽著間間家事。不，這並非間間家事，只是，我了然於心；愛欲乃生死大事。

愛欲乃生死大事。正當盛年，風華正茂，你心底渴求的又豈是男女之間的歡好。一個男人，經歷了婚姻、家庭、事業，成為一個男人。然後，你赫然發覺自己真正需要的是一個怎樣的女人。你的愛欲由是而生。

你因愛欲而生。生起了一場情劫。你在情劫中再生。

多麼弔詭。認識由經歷而生。經歷了婚姻，生命中一個重要的女人，你認識了女人。當你認識你的女人，你也認識自己是何等樣的男人。或者真相該是，你因你的女人而成熟，而自知，而成為男人。

然後，你始知自己此時此刻的愛欲。抑或，你遇上了另一女人，然後始知自己此時此刻的愛欲。在你眼中，舉手投足，盡是嫵媚；在你耳中，輕言淺笑，盡是嫵媚。你的愛欲由是而生。

髮香體味，盡是嫵媚；你固然因其形體的嫵媚而心動。而你心識所見，卻又直透其靈魂深處；你心識其靈魂之嫵媚，款款相通，相知而求相愛。情識起現，繫其內外，於形體，於心靈，盡是嫵媚。

覺其嫵媚，愛欲已生，你遂在愛欲的情識流行中體現生命的衝動。你容讓情識中不可透測的愛欲浮現、成形，然後體味箇中因熾烈燃燒生命而來的衝動。從外到內，從內到外，你盡在追求形體與心靈的燃燒，於愛欲中。

一場愛欲遭遇，輾轉聽來，觸動耳識，觸動意識，而現示眾生情劫。

如是我說。

一九九八年十二月七日

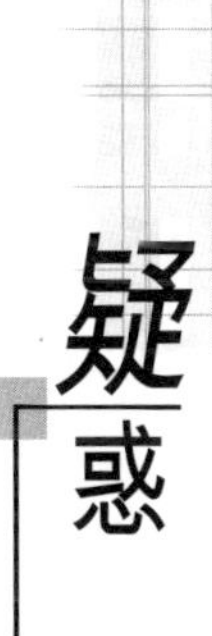

疑惑

我說，我了然於心。何以，我了然於心？

此心同，此理同。你我都快踏進不惑之年，可卻並非真的不惑。不惑中，還是帶著疑惑。男女間事，尤其如此。要到這個年紀才疑惑起來？是的，要到這個年紀。

這個年紀，單純憨直的日子早已成了記憶的一部分。因為單純憨直，鍾情異性，往往心無異志，死心塌地。因為單純憨直，所以能持守，能持守自然久長。心思無染，自能如此。

只是，此心於人間塵世打滾，如何不被薰染，以種種色相。眼、耳、鼻、舌、身，統統都被薰染，薰染而成如今的樣子。說薰染，好像消極一點，不若說教化。

如今是何模樣？

身體的種種姿勢、言語的種種應對，發而皆中節，恰到好處。一種生命自身獨有的風緻於此成形。此即教化之功。教化使人脫離純一、無雜、混沌，轉成姿采、節奏、品味。

教化成人，當中亦有種種閱歷。而遺憾的是種種閱歷，所成就的，也不過是你自己的生命而已。旁人無涉，妻子無緣。自家的體會、反芻、細味、轉化，都不過是自家的。於是，乃有「知我者其天乎」的感歎。

此天是誰？不外另一相知的心靈。年輕時所娶的妻，相見漸不相契，相伴漸不相愛。剩下來的只有責任。此心總覺疑惑。何必過早成家？何必在自己還沒成人時就擇定對象？

疑惑自己的決定，疑惑自己的選擇，疑惑昔日所作的一切。最終，所疑惑的，不過是，眼前的妻子。還有可能相契相愛嗎？當另一嫵媚的心靈亮於眼前。當疑惑時，心動了。

此心有異。因著塵世的薰染，人間的教化，自身的閱歷。因著這一切，此心有異。是耶？非耶？你說污染與淨化相生，你因心動而知自己而對付自己而心靜。如是，因魔而道生，而心魔，終不可免。

我說，我了然於心。此心，是魔心，抑道心？

一九九八年十二月三十一日

輯二

餘事

的確，你的文字觸動我敏感的神經。曾經受傷的神經，特別敏感。我翻來覆去地閱讀，於不確定的文字中尋找可能的意義。這是一種防衛的舉動。讀出另類的意思，好洗脫自己的罪行。

翻來覆去地閱讀，浮上來的卻是翻來覆去的心情。你的文字是衝著我而來的嗎？抑或指桑罵槐？字裏行間的褒貶，有幾分對確？有幾分差錯？相互的學問切磋，無情的尖銳批判本是熟悉的遊戲規則，何以觸動敏感的神經？

不。觸動我敏感的神經，不是學術批判的文字。你那文字，指向的是學術批判文字背後受傷的心靈。這是生命的問題。當然，這是複雜的，學問與生命之間，哪些影響哪些？清明的知識塑造存在的經歷？存在的經歷生發清明的知識？

我可以不糾纏其間嗎？我可以以清明的理性把這夾纏的主題一分為二嗎？是的，我可以。因為寫的文字不是針對我的學術批判文字，所以我毋無須理會。不，不可以。因為寫的文字指向我學術批判文字背後的生命狀態，所以我不能逃避。

我不能逃避，因為我的生命的確滿布傷痕。只是，我可以搞得清楚這些傷痕跟我的批判文字的關係嗎？我糾纏其間，難以安然。我翻來覆去我那些批判的文字，簡潔、鮮明、直接，這是多年訓練的成果。以文論文，就理評理。

我以清明、冷靜的文字隱藏、開拓。隱藏我的生命傷痕，開拓我的生命空間。然後，我始能淨化、安頓我的身心。我以公平的學術文字來揭示錯謬，好戳破偉大錯謬背後的神話與偶像。宰制的宏大假相才是我的敵人。

我是反英雄的。我是反叛的。我是危險的。因為我必須生存，不容扭曲、欺壓、同化地生存。我需要空間，但我以公平的學術文字去開拓我的生存空間。我的空間是開放的，但不容壓縮；然後，始有交往、了解、尊重、建立。

的確，我是如此。

一九九九年一月十九日

穴居

我棲居，我存在。

肉身的棲居，可不那麼簡單。棲居的不獨是我的肉身，但我的肉身首當其衝。我生命的棲居，塑造我自身的生命。

曾經一段日子，棲居於極少日光照射的住所。於是，逐漸熟悉黑暗。黑暗原來是有層次的。黑暗的深淺，跟日光的強弱多寡，成一反比。人的身體狀態，也隨著而調節以適應。首先是眼球的瞳孔。

到底不是貓，雖然我鍾愛貓。結果，從早到晚亮著人造的燈光，不識早晨與黃昏。這是怎麼樣的世界?人一手造成的世界。我說的是相關語。

人藉科技而造出光。這樣，在黑暗掩蓋大地的時刻，可以悠然亮起燈來；然後在燈下造飯、談天、喝茶，讓勞碌一天的身體得以放鬆，預備進入安靜的休息。

後來，不知道從甚麼時候開始，這個世界開始白天點燈，彷彿黑暗無所不在。然後，我們再分不清日與夜。或許，正確點來說，我們再毋須分清日與夜。我們的生活早已跟早晨與黃昏無關了。早晨的陽光與黃昏的紅霞早已成了陌生。

我們都成了穴居的動物，住在人手所造的燈光世界之中。我們說，要有光，就有了光。我們跟周遭的環境，不外控制、使用的關係；因為周遭的環境，是我們製造的。然後，我們忘記了自然。

我們忘記了自己肉身自然的一面，我們肆意地扭曲自己的肉身，要它適應我們製造的環境，在人造的燈光下過活。於是，我們變得蒼白，面無人色，卻繼續倚靠其他許多人造技術叫自己精神煥發、神采飛揚。

於是，我搬家；我把自己的家搬到日間不用亮起人造燈光的地方。於是，我改變生活；我在晨光曦微時起牀，我在黃昏日落前離開日光照射不到的城市洞穴回到家裏；然後，我看著天邊的光逐漸暗淡，體味到一天之將盡，該是身心休息、安頓的時刻。
我棲居於光與暗的節奏之中，而覺自然，而覺滿足。

一九九九年二月一日

流蕩

難道城市真是流蕩的？

流蕩而無根？變幻而無常？歷史因而斷裂，身分因而破碎。無家可歸。

抑或，只是這個城市才是流蕩的？

拆卸、重建。乾淨利落。成長的建築空間不斷湮沒於繁華進步的拆卸、重建中。

拆去的是一個文化社區，一種生活方式，一段歷史記憶，一處安頓依歸。於是，流蕩。於是，無家可歸。

我在一個流蕩的城市中流蕩，無家可歸。

一切成長的建築空間，戲院、咖啡室、大排擋、遊樂場，都灰飛煙滅。當這一切灰飛煙滅，生命即徐徐解體，而流蕩，而無家可歸。

建築的空間，是生命體現的場所。由體現，而留痕；由留痕，而人化。生命凝聚與散發的場所。容納經歷，盛載記憶，生發身分。

革固必然是好的嗎？生新必然是好的嗎？當罔顧生命的時候。

殘存的還有甚麼？除了支離破碎的生命。支離破碎的城市，流蕩著支離破碎的生命。

支離破碎是預先設定的。因為這個城市預先設定了要「革固」、「生新」，按著一種封閉、齊一的權力設計。以為是再生，不過是扼殺。

封閉、齊一，切斷了開放創造帶來的互動與姿采，切斷了生活中按著互動而建立的空間，以及體現於有機的建築場所的生活。

這個城市的生活世界，支離破碎，當原有的街道、社區在封閉、齊一的機械寡頭權力設計底下被拆毀、重建。於是，流蕩，無家可歸，乃成必然。

當我拒絕齊一，流蕩，無家可歸，乃成必然。我選擇自覺的流蕩，無家可歸，以突現封閉、齊一的戕害，以抗拒封閉、齊一所建構的虛假歸宿。

我必須如此。我必須自覺地如此選擇。否則，我將一無所是，於流蕩的城市。

一九九九年三月三日

遊蕩

遊蕩。我說的是遊離浪蕩。當我遊離浪蕩的時候，你會以異樣的眼光看我嗎？當我從這邊以不定反覆的腳步經雜亂無章的路線而到達那邊，你眼裏看見的會是異樣的行徑嗎？

漫無目的。抑或，不符合某種習以為常的目的？遊離浪蕩，於無章無法的現象中，暗含自身的規則。自然而然。而我們，並不熟悉自然而然。

如此切近的，又如此疏遠。如此疏遠，因為外在設定的目的和程序成了絕對，取代自身生命的呼喚。

當我遊離浪蕩的時候，你又可必追問我要往哪裏去。我遊離浪蕩，不過是反求諸己，讓自己的生命呈現、釋放。如此而已。

如果硬要我回答：我往哪裏去？那麼，我只能說，返回自身。返回自身，經由遊離浪蕩。我只是回應我自身生命的呼喚。

你會明白麼？離開自己，漫無目的在外遊離浪蕩，繞一個圈子，方才歸回自身。而這種歸回，也不過暫時的。

從遊蕩到歸回，從歸回到遊蕩，一個無休止的螺旋過程。這是生命運動的兩個環節。

當我離開原地，遊離浪蕩，我走進的是一個空間，一個我可以隨意舒展的空間。若你硬要目的，這就是目的。

若你來辦公室不見我的身影，我準是遊離浪蕩去了。在圖書館，在魚池邊，在山路上，在人羣中……在一個漫無目的的遊蕩中所生起的空間中。

你眼裏會看見這個異樣的空間嗎？不，你只能靜心去聽，聽你心中生命的呼喚，離開當下的自己，在遊蕩中體驗因之而生起的空間。

這樣的生命，並不符合某種習以為常的目的。但，這才是生命，自然而然，自有其自身的規律、要求。而我們，惟有聆聽、回應，於遊蕩中所生起的空間，呈現、釋放自己。

生命，如此而已。

一九九九年三月二十三日

呆坐

我呆坐，靠著椅背。凝視窗外的翠綠山頭，漸漸卻是一片迷糊，心裏浮現著頹唐。

不想移動分毫，像爛泥倒在那裏，因為身體沒有轉動，一樣的姿勢，空氣凝固靜止下來。時間彷彿不再存在。一瞬，好像就是一生。浮現著的頹唐，生命中惟一在那裏蠢動的力量，當一切靜止之時，侵佔全身。愈發疲倦。身、心，都在那裏癱瘓著。

癱瘓，是一種接近死亡的狀態。無感，無覺。冷漠，枯槁。隔絕，空寂。全無生氣。生非易事，當死亡如斯接近。

一寂，一切寂。境隨心轉。當此心寂然不動，癱瘓在那裏，縱天崩地裂，亦不入此心，無絲毫牽動。當此心只讓其自身的頹唐與癱瘓全然蠶蝕淨盡，心已不可識物；心所見者，不過其自身的頹唐與癱瘓所映照的心境。

一瞬，就是一生。此一刻跟彼一刻，又有何差異？當心已成槁木死灰。自我的映照，無差異的重複。

何以至此？何以至念念俱滅？何以至生機盡去？何以至此？

生命自身的毀滅傾向。一種伺機而動的負面力量，總是潛藏在生命的周圍，甚至核心。無所不在。當生命發動，死亡即襲來。

生命自身的毀滅傾向。一種伺機而動的負面力量，總是潛藏在生命的周圍，甚至核心。無所不在。當生命發動，死亡即襲來。

生命不斷向四方八面流出，以逝去不返的方式。逝去不返的不單是自然強力的生命，心亦隨身而倦。心倦，乃因心寓於身，一並起落。心倦，乃因心隨身轉，而散亂，而陷溺。

一發不可收拾。只因心已乏力、虛脫，任由頹唐伺機浮現侵蝕，任由癱瘓借勢擴散作主。於是，呆坐而不動，意識全然混沌、空洞，鎖在剎那無差異死寂的空間。一寂，一切寂。

死亡如斯接近，生非易事。偶然，長長呼出一口氣，深深吸入一口氣；偶然，在呼與吸、吸與呼之間，戳破眼前的迷糊與混沌。只是，歷經的剎那，又已是幾世幾劫？

我坐在窗前，靠著椅背，凝視外面翠綠的山頭。

一九九九年四月十日

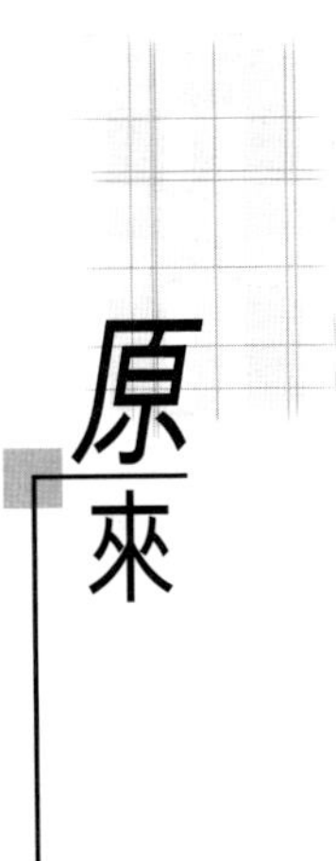

原來

原來，人可以以負面的方式存在。

楊照在《突然我記起你的臉》有篇序〈人間絕望物語〉，這樣寫道：

> 黃碧雲的小說，其實指點出我們過去看待人類苦痛（human suffering）的盲點。我們太習慣相信希望會支持人度過難關，沒有希望的人自然就會選擇死滅，不再存在。黃碧雲卻用虛構的情節、角色，驚心動魄地提醒我們：有許多人，甚至有更多人，他們帶著絕望活下去，把自己轉化為一種負面的存有，一個無聲無息吸納、咀嚼、取消意義的生命黑洞。

《突然我記起你的臉》是《七種靜默》台版的第二部。

讀到這段文字，整個人都呆住。從來沒有這樣想過。從來沒有想過人會帶著絕望把自己轉化為一種負面的存有。從來沒有想過人可以轉化為一個無聲無息地吸納、咀嚼、取消意義的生命黑洞。從來沒有這樣想過。

我的學習把自己推進置於盲點的角落。我以盼望跟絕望對立，我以盼望為生存之可能條件，來跟絕望為生存死滅之根源，互相對立。於是，我忽略了中間那灰暗、曖昧的存在狀態。

我真的不曉得嗎？讀到這段文字，整個人都呆住，因為觸動了生命中那種對負面存有的感應，因為觸動了生命中一直存在的負面存有。原來，理性是會遮掩的。而對負面存在的感應卻無聲無息地長大，等待機會，無端襲來。

然後讀到湯禎兆替葉輝《水在瓶》寫的序〈青春殘酷福音〉講述葉輝在〈活得尚好及其他〉對黃碧雲的理解：

一生裏總有如此或如彼的哀傷，飄泊的日子裏尤其容易借傷成毒，也許只好徹底地沈到底，一時一刻，完了，倖存下來就好了；那就是說，最好不要讓一時一刻的悲哀變成一生一世的傷痕，就已經很不錯了。

好一句「借傷成毒」。原來，只是哀傷；後來，成了毒害。毒害己身，毒害身邊的一切。成了負面的存有。哀傷是如此之深，隨著身心的飄泊，任由蔓延、潰爛、成毒。原來，哀傷可以全然扭曲全命。誰能保證，一時一刻就完了？

原來，生命可以如此悲哀。徹底地沈到底，變成一生一世的傷痕。

讀到這段文字，我哀傷起來。這哀傷，可會成毒？

一九九九年五月二日

寫稿

擬好一個題目，覺得挺好的，應該有點東西可以寫，有些感受或思想可以發揮，於是，就提筆，寫了幾行，有些意思，讀上來還可以，繼續寫下去。

可以寫下去嗎？也不一定。有時可以，有時卻不知如何是好，停在那裏，把稿紙翻來覆去，右手的食指和姆指不停地轉動鉛筆，擦紙膠不斷在稿紙上把剛寫過的文字擦去，留下淡淡的痕迹。

怎麼辦？放下一兩天，讓自己遠離，希望能產生一點陌生，好生發新的意念；或是投進生活裏去，到法式自助餐廳獨個兒享受一頓早餐（一個牛角包、一碟炒蛋、一杯奶茶），靜靜的看報，也靜靜的看著不同的人生片斷在面前掠過。

時間緊逼趕著交稿，就沒有這空檔，自然沒有這樣的閒情生活。桌上總放著不同類型的書籍，但找來翻閱尋找思緒的只會是散文新詩一類。眼前放著的是葉輝的《水在瓶》。不同時間有不同的情緒狀態，也就看不同的散文新詩。

一兩天後回來，翻開稿紙，拿出鉛筆、擦紙膠。從頭開始讀下來，重新捕捉曾經有過如今又不繼的思路。也許不會繼續原來的思路，來一個突變，帶引往另一意想不到的方向，在收筆時卻又接上了以前曾經有過的思路。

從頭開始讀下來，讀出了另一層的意思，就索性忘掉原來的，也許根本就忘掉了，然後按著現在這讀出來的意思，繼續發展下去，成了一篇原來不曾想過的文章。再隔幾天，從頭開始讀下來，讀出了兩層互相交錯糾纏不清的思路。

時間緊逼趕著交稿，不斷翻書看幾行放下，不斷提筆寫幾行放下。思路在斷續之間展開。因為斷續，所以重複，所以零碎，所以交錯。最後出來的產品，誰也不曉得有多複雜，一篇文章底下的層次遠過於想像中的。

拿起桌上的書翻開看到這樣的句子：事情到了這個地步，誰也幫不了忙。事情就是這樣子。這種情景底下，偶然翻書卻翻出這樣的句子，能幫得上甚麼忙？雖然誰也幫不了忙，但還是會繼續胡亂翻書，於瞬間陌生化以求生發新的意念，延續未完的篇章。

擬好一個題目，覺得挺好的，寫了幾天，或是寫了幾十分鐘，總是寫了出來，還是同一個題目。更多的時候，擬好一個題目，覺得挺好的，寫了幾天，或是寫了幾十分鐘，總覺寫得不好，於是，再擬另一個題目，再寫幾天，或是幾十分鐘。如此下去。

一九九九年五月二十六日

文字

我的文字是拙劣的謎語，旁人難以理解，只有自己明白。只有自己明白，並不表示有個固定不移的意義，不多不少，不增不減。如果以為這樣，那麼我的文字十分現代。我不以為我的文字是現代的。但當我如此表示，請勿簡單過渡，得出結論——我是後現代的，雖則我可能是那麼靠近後現代。

文字的寫作是一種經世的活動。我如此理解，也不單只是一個意思。文字的寫作，首先是一種經歷世間的動作，然後才談經世濟民。雖則這兩種活動都不離世間，卻不能混為一談。很早以前，留學的日子，我已質疑英雄式的人生，這既是希臘式的崇高德性，也是現代性的宏大氣概。如今，我已徹底放棄。

觸境而生文字寫作，因文字寫作而現境。到底也不必強分先後，大抵是輾轉相生，莫得其因的。一旦尋問，就落有無，喪身失命。境與文字相生，如意象之難以固定、執死，她本身是生發一切意義之所在。綿綿不絕，文字世界與生活世界交錯相生，生生不息。這裏說的文字，絕非鐵板一塊，而是流動的水。

流動的水，腳踏其中，水非前水，水非後水，卻是前後連綿，不可終斷。何必執實一點？看不到身前身後，也就不過一隅之見。文字如水，生化萬有。水若是了無生氣的死水一潭，世界即成枯寂。文字的寫作，必須行雲流水，起始終結，俱要無方無所，淡入淡出，了無痕迹。

其實，還是留下痕迹的，不過，文字必須在寫作中冥化，消融於具體的情境，而不成一執實的對象。於是，乃有自我消解，於流動中化入呈現的世界，一體平鋪；於是，文字乃隱退於情境、世界的背後；於是，文字乃在呈現中隱退、在痕迹中冥化。

文字的寫作，不過是不斷留下痕迹且不斷冥化、不斷呈現且不斷隱退的一種生命存在的活動。文字的寫作，在此過程中，也同時跟我的生命一併經歷與其輾轉相生的塵世人間，直至終末臨在。文字的寫作，因而是開放的、游移的、飄泊的，因而是難解的謎語。文字的寫作，因而不是現代的。

一九九九年六月十三日

離去

我的遠離，你也許漸覺已成定局，所以給我寫卡，找我傾談。的確，我漸行漸遠，已經持續了好一段日子。因為已經好一段日子，所以愈行愈遠了。事情既已到了如今的地步，其實也不必說些甚麼去解釋一番，只是你好像一點都不曉得，所以給我寫卡，找我傾談。

一切都其來有自，你錯過了生命的痕迹，也就感到錯愕，當事情到了如今的地步。於你們，我只是過客，這是我近日經常浮現的字詞，以及其中盛載的感受。過客，好一點的，可以點綴你們的生命，或如飯後的甜點，可有可無；壞一點的，不過是異己，避免破壞食欲，投閒置散也就算了。

我寧願我是掛單的，掛單的雖也會離去，但總不及過客那種倏忽而過的消逝感覺般淒涼。是的，其中的分別是消逝、死亡，以及由此而來的悲涼。我近日的感觸愈深跟這不無關係。那天重返你們當中，我並不感到親切，反倒是陌生與異樣在我身邊迴盪。我們互為陌生，因為我已漸行漸遠，因為我的生命已經離你們而去。

回頭說你寄來問候卡，我是謝過的了。只是，各人自有自己的故事。若要說來，不單話長，且得抖出許多的人與事，這又何必呢？更何況，這當中的許多人與事，我固然牽纏其中，你又何嘗可以躲閃呢？直接的、間接的，你總有一定程度的參與跟責任。你若能自省就好了，但無論能或不能，我的離去，已成定局。

說到責任，我是多麼討厭以此無限上綱，但事後的檢視反省，這又是免不了的。我討厭的是離開關愛談責任。請不要在這時刻突然向我表示關愛，我只會把你的行動解釋為責任的推使。在此，我十分厭惡專業的人際關係，亦由此，我多了一種經驗，去反省關愛若成了專業其後果是如何違反關愛的本質的。這是額外的收穫。

你若是要跟我談，就請當作是朋友之間的聚首。當然，你我之間究竟有幾分的友情，大家心裏明白，所以，到頭來，也許寒喧幾句，說些不著邊際的空話，或是不斷繞圈而進不到問題的核心，是可以想見的局面。因為老早，於你們，我只是過客；而我的離去，早已成了定局。

一九九九年六月二十六日

感觸

寫作和閱讀，就如飲水，冷暖自知。這是我在另一篇文章中的結語。如今，我以之為這篇文章的開頭，並無任何接續延伸的含意。借這句說話，也不是要說私人語言是否可能，溝通是否透明的問題，雖然我也說過，我的文字並不透明。我只是喜歡這句說話；寫下來，翻看，細想，生起許多感觸。

寫作和閱讀，經常讓我生起許多感觸。這種生起自然不是無中生有。生活裏面原來就有無數觸動的機緣，過往接觸、攝受、執取而埋藏於生命某一不為人知的角落的感動，不過是借此而生起而為我意識其存在而以文字使之成形。

以文字使之成形，不單是寫作的過程，閱讀同樣具有這種作用。閱讀文字而使感觸成形。然則，你閱讀我的文字時，心中生起、成形的究竟是何種感觸？你可有回過頭來細細翻閱這平時難以觸摸的微妙感動？你何必急於判斷我的心境、你要盡的義務？

因觸動而當反身及己。你只當停止一切想念，單只聆聽自己心中因觸動而生起的感念。如果我們需要同情地了解他人，我們又何嘗不需要同情地了解自己？同情，固然是感同身受，但在這裏卻可以是同一情感之自我覺識，一種在感觸裏認識其自己的活動。

若能如此，也許你會更了解我的心境，而不再汲汲於思量你要對我盡的義務。很多時候，甚麼也不做，可以讓你開闊眼界；一旦行動，即易生遮蔽，反倒是有害無益，於人於己。是以，當你閱讀我的文字之時，見我感觸愈深，也就不必處處思及如何幫助我。

你若能如此，於我自是一種解放。當然，你若能以文字展示你因之而起的感觸，我將是何等欣悅；我將以同情的方式去閱讀，並書寫繼之而起的感觸。你能了解我的心境嗎？抑或，冷暖仍然自知？

一九九九年七月十五日

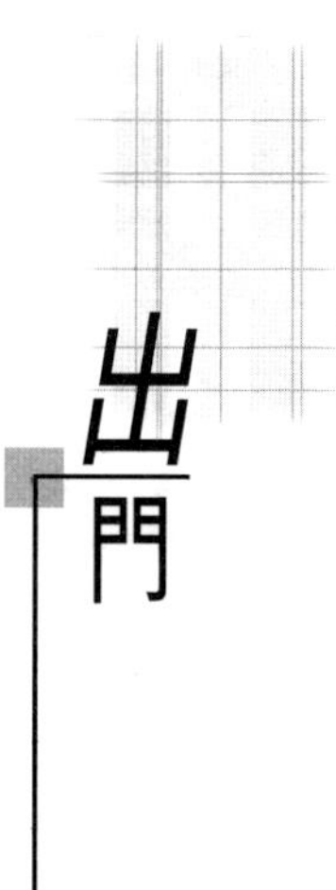

頭一遭獨個兒出門，在我這個年紀，感觸自是難免；更何況家中還發生了事，也就不單是感觸了。

（一）

原來只是不捨的心情。那天離家上班，想到一個星期後同樣的一天，只能在照片和思念裏見你，不禁心裏隱隱作痛。當我回來踏進家門的時候，你會認得爸爸嗎？

大概你不會想念爸爸的了。我多麼希望如此。當你想念爸爸時，卻又遍尋不獲，不在睡房，不在廚房，不在浴室，不在家，你就會哭鬧起來。想／寫到這裏，我是多麼的心痛，我的不在，讓你傷痛。

我寧願你看不見我，也就不會想起我；不會想起我，也就不會要找我，也就不會因為找不著而嚎哭起來，觸動你媽媽敏感的心靈。我只有請你媽別在你面前提起「爸爸」，直到我的回來。

（二）

我坐在登機室內，還有時間，拿出手提電話找你，都接不通。你剛離去不久，難道機場鐵路干擾通訊？抑或，你關掉電話，為了暫時逃避醫院可能傳來的惡耗？

我只好按你辦公的直線電話號碼。我留下口訊，希望你明天上班時聽到我的聲音會開心一點。我要你向公司請假，原來不過想要你在我離開家門時安頓孩子。畢竟，你陪著我來，臨別前的擁抱，叫我感到心痛。

你這八天將如何度過？在女兒與父親之間，在生命與死亡之間？在進入禁區那一刻，我始曉得我是多麼不想出門。生命無常，其餘一切都是多餘的，在生與死面前。我但願我不在你身邊的日子，你還能撐得下去，直到我的回來。

一九九九年八月二日

回家

終於，回到家了。

回——到——家——了。這可是漫長的日子，從出門到踏入家門。對時間的意識都不同了。當中因為牽掛，牽掛因為人不在家，在外不過過客。牽掛把時間細細的拉長，拉長成綿綿無盡的思憶，於是覺得前頭還有長長的日子，才可回家。

牽掛，因為不在眼前，總在想像中、睡夢中回家。醒來原來此身仍在異地，卻寧願長在夢中。最難受的，乃半夢半醒，似真還假，怎生耐得那磨人的似近還遠？在夢與醒那轉折的渾噩一刹，一切矛盾的感觸竟是同時湧現，不可自己。

於是，當踏入家門，恍如隔世。恍——如——隔——世。是時空的差異嗎？從另一個相差十三個小時的時區回來，恍如隔世。因著時空的差異，時間的意識在牽掛中變形，經歷無數反覆的牽掛而一下子衰老。再踏家門，隔世的陌生已完全成形。

也不是不曉得按物理之時間離家不過八天，只是當下的真實意識卻是一段足以陌生化一切的時間距離。主觀的時間感觸塑造著進門那一刻的心情，如此之真實，因為並非一時三刻的，因為經歷無數反覆的牽掛而凝聚成陌生的距離。

即使從走出機門那一刻透過手上的電話告訴你我已回來，即使踏進往日經常乘搭的地車置身於城市的喧鬧，絲毫不能消除那種暴升的隔世意識的成形。隔世的意識以幾何級數迅速成形，當回到這個城市的那一刻。

要回家了。在恍惚中回到這個城市，要踏進不斷牽掛的家，這家將以何種面目在我面前出現？一切都不可想。不可想，因為熟悉的是反覆的牽掛；因為反覆的牽掛生起的隔世陌生乃不可想。推門而進，將有何事？

推門而進。從走廊那邊，你以一貫彈跳的步伐跑過客廳來到我這邊為迎接你而蹲下的身軀雙手摟著我的頸項雙腳爬上我的兩膝。因牽掛而生的隔世陌生，在推門而進的那一刻，滲透心神，在肉身擁抱的那一剎，漸行瓦解隱沒於心底。

終於，回到家了。

一九九九年九月四日

遺忘

「而寫成文字，於我而言，就是從記得到遺忘的必經之路。」文字書寫竟然是記憶過渡到遺忘的中轉站。文字的書寫並非要喚起記憶，反之而是導致遺忘的必經之路，這就引起我的興趣。凡是弔詭的、微妙的、不好解的，總能引起我的注意，因為在那裏會有思想的樂趣以及透視生命不為人知的另一面。

陳寶珍在她的短篇小說集《角色的反叛》的自序說了這樣的一句話。當然，她有她自己文字的脈絡，以及遭遇的文理。我這樣抽取出來，難免不及她原來處境——文字和遭遇的——所決定的可能意義。閱讀的快感，大概就是如我這般，或是如先得我心的五柳先生，「好讀書，不求甚解，每有會意，便欣然忘食。」

旅美詩人楊牧在為《張錯詩選》作的代序〈劍之於詩〉中說：我們對一首詩最大的禮讚，就是專注，聚精匯神去閱讀它，即使為某種獨異的原因竟從一錯誤的地方切入，以致於我們尋覓到的解說悖離了作者的意志；但若是因為藉著這樣高層次的心智交涉，我們畢竟已實際沈潛於他的詩之深奧而無懈怠，玩忽，我們應該就是有所體會，嘗到了喜悅，挫折，即使超越了他的想像，也還是禮讚。

從讀者的角度而言，是否也可以說閱讀是從記得到遺忘的必經之路？當中，遺忘的又會是甚麼？遺忘的可會是自身，以及自身所處的世界？一邊閱讀，一邊遺忘，逐漸丟棄既有的，從而得以進入未得的。當專注、沈潛是如此之深，則遺忘也就無可避免地成了閱讀的狀態，渾然無我。

為了遺忘，所以寫作，以及閱讀。這是一種很誘人沈思的想法。因為沒有表明何以如此，中間留下大量空白，等待說明。更重要的是，這種說法，不合常理。然而，不合常理的，並非就是不合理。只有不合常理，才能引發思想，並且是深沈而非淺薄的。惟其如此，方能成就思想的遺忘。

一九九九年九月二十六日

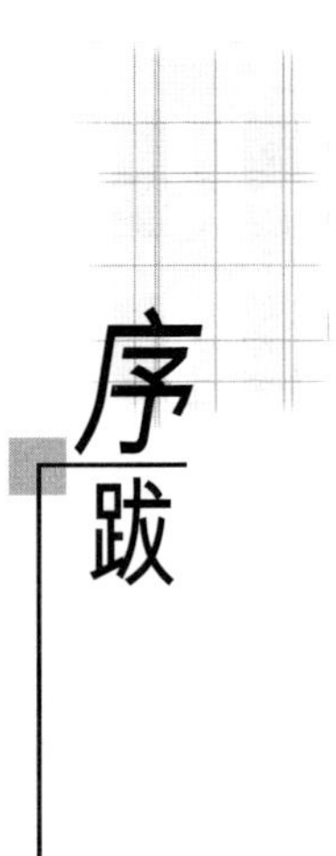

序跋

總是喜歡看序、跋。我說的是一本書的序、跋，不是整本書收編各不相干的序、跋。

杜杜在《住家風景》洪葉版的序，有這樣的說話：「七六年母親去世，一年後吾家BB出生。那是我生命地圖的分水嶺。那美滿如月的一段時光我記錄在「住家風景」這本小書裏。」

這樣的說話，換幾個字，也可以適用於自己身上。「九五年母親去世，兩年後吾家BB出生。那是我生命地圖的分水嶺。」然後，也就截然不同了。這兩年間寫的記的並不美滿如月，日子總有如這或如彼的不平或遺憾。

我這是一下子步入感觸的中年。「我並沒有絲毫悲觀頹廢的味道，也沒有對將來作任何懷疑與否定，我只是強調對以往的熟悉與親切，包括人生的悲歡離合，以及對將來的無從捉摸與無法掌握。」幾年之後，能否像詩人張錯，於四十開外，從一段青澀浮躁的旅程走出來，進入一種淡泊寧靜的思維裏，如《漂泊者》的自序所言。只是，如今心情，讀到如下詩句，久久不能平靜。

倘刀能斷夢，
仍在於夢了無可覓，
惟揮刀無法折斷的，
卻是思念的源頭，
倏隱倏現，念來夢現，
來去絕蹤，念去夢隱。

——《飄泊者．斷夢刀》

過渡的日子往往複雜難受，當中的書寫經驗，以及其後的整理，總生起不能自己的感觸。於是，我乃注意到葉輝《水在瓶》後記的說話。

「《水在瓶》……與其說那是我散文書寫風格的轉變，不若說那是歷史迫使生存策略、生活態度和思考方式作出相應的調整；在整理過程中，彷彿翻閱前半生的日記，裏面留有書寫得極度艱難的愛恨交纏，以及成長過程歷盡掙扎的悲歡離合，重讀時恍如隔世，似夢迷離。」

喜歡看序、跋，原來只為尋索散落於不同的書寫文字之中的生命痕迹。

一九九九年十月十七日

此後

此後，著實是難以說得準。

真的，誰能說得準呢。此後的日子，是好是壞，甚麼時候是好，甚麼時候是壞，誰說得準呢。此後的日子，雖則還是會來，但是好是壞，總是不動聲息就來了，誰也說不得準。

譬如說，十月上旬，此間還是酷熱，戶外跑步不到五分鐘就汗流浹背；此後，一個早上被打在冷氣機的雨聲吵醒，天氣就轉涼了。真有一雨成秋的味道，今天跟昨天截然兩樣。

轉折，誰也說不得準，何況轉折的好壞。此後，就是這樣子。此後，固然可以看作時間的順延，但到底是現代人的心思，把時間和要發生的事情分離開來，自然以為此後順著之前而必然如此。

既然必然如此，也就不必說些甚麼、想些甚麼。而問題正在於並非必然如此。此後如何，站在此時此刻，總是難料、難測；事情的出現、湧流，以及其出現、湧流的時機，誰能說得準呢。

從此以後，會是怎麼模樣呢？著實是難以說得準。事情還沒有發生、能說得上甚麼。譬如說，不再寫稿的日子會怎麼過？不再寫稿，我的生命將以何種方式凝聚、開展，以及自我認識？

當如此提問，固然曉得沒有確實的答案，只是提問本身是一種生命的發生，也就有其不得已的衝動。這種衝動其實源於對未來的關注，言重一點，則可說此乃憂患意識之活動。

只是這樣又說得太嚴肅了。說了這許多，也不過因為世事難料，生死難測。譬如說，一個正在趕稿的早上，朋友來電，說妻子已經離世。此後的日子，是好是壞，誰說得準。

是的，已經離世了，結束了一段等待的日子，是好是壞，誰也說不得準。此後，一個男人帶著兩個女兒，會是怎樣，沒有人可以知道。能夠用得上的字詞，大概就是祈求和願望吧。

真的，此後，只有祈求、願望，然後泰然迎接世事、生死。

一九九九年十月二十三日

餘事

還有別的事嗎？還有別的可寫可記的事嗎？是的，我說的是可寫可記的事。固然，不寫不記，事還是會照樣發生的。世上就只是事，如這或如彼之事。

寫、記，大概是一種解釋性的顯現活動。（又來這一套了。）寫、記自是一事，退後一步，解說寫、記的活動，又是一事。總是有事，故天下合該有事，分別只在如這或如彼之事。

到底，生活中的事，不寫不記，也難逃解釋說明，雖則以潛在默識的方式出現。心中總有箇安排。不寫不記，事還是會照樣發生，心中默然識之，分別只在隱藏或顯現。

當然，顯現，首先還是對自己來說的。寫、記，不必然要發表，不過是自家整理的過程。回憶、追想、理解、鋪陳，在解釋中認識自己。愉悅和痛苦大概也只有自己明白得了。

有些時候，自己明白，了然於胸，也就好了。是的，一切經歷，體驗，都不必全然抖出來；況且，當尚在過程中，那種曖昧、交雜、糾纏的感受，又豈易說得分明。表之以文字，大概也只成了夢囈、絮語。

不寫不記，事還是會照樣發生的。但到底還是有所分別。寫了、記了，也就多生一事。人家看了、讀了，又再多生一事。輾轉相生，豐富了生命，抑或挖深了傷害？難以計算，事卻總已生起了。

大抵，人生活著就是這樣。總有許多不在計算之內，縱使事還是會照樣發生，誰能說得準會如何如何呢。既然如此，也就只好隨遇而安了。隨遇而安，談何容易，倒不如難得糊塗。

而糊塗是難得的。難得天下人糊塗，自然無所事事；難得天下人糊塗，合該天下有事。餘事無盡，話也說不盡；既然難盡，不如暫且沈默，歸於寂靜。

一九九九年十一月二十日

輯三

以外

父親印象

在家中，父親是我最不認識的一個人。

你跟有些人住在一塊好幾十年，也可以互為陌生；但橫梗在父親和我之間的陌生不是因為這個緣故而凝聚起來的。

當然還可以有別的原因，以致父親的形象不能鮮明深刻地印在意識尚是混沌的腦袋。父親跟我說話不多，一起生活的日子很短，我無法憑有限的印象、模糊的記憶準確地模塑出父親的模樣。

父親跟母親是在鄉間成婚的，男的十八，女的十五，大家都是貧農。幾年後，父親賭錢欠下人家十擔穀，為了逃債，他拋下妻子，隻身跑到香港來了。

父親天生是個懶漢，母親說他最喜歡「做幾日，休幾日」，享受優游自在的生活。所以來到香港，他一直喜歡在石礦場工作，一兩個月才回家一次，母親也沒管他。我有點感覺，父親生不逢時，是個家道早已中落的二世祖，愛享受生活，但家無長物。

父親很少拿錢回家，母親後來提起也沒半句怨言。他把大半工錢寄給鄉間的老母。阿嫲是有錢人家的千金，下嫁阿爺是因為那時太公（曾祖父）做米糧生意，賺得一些錢，算是門當戶對；不過，太公死後，他的幾個兄弟把祖業都散掉了。有一次，鄉間寄來消息，父親知悉後沒一句話，我自背後看去，只見父親瘦削的肩膊不斷抽搐。後來才知道阿嫲去世了。父親一直沒回過鄉，我想是跟他昔日逃債的事有關；他母親死了，不能回鄉奔喪，那份深沈的悲傷，當時我是無法體會的。

父親性子剛硬、閒懶，喜歡獨來獨往，這些性格，我或多或少都沾染了一些。父子之間，縱使沒有甚麼機會相處，性情倒相近，就是那麼莫名其妙的。

記得有一次，父親和母親為某些事情爭執，吵了起來，父親氣不過，拿起木椅子就要揍人，整張臉都漲紅了，氣氛變得凝重起來；最後，椅子還是給放回地上，他自己氣沖沖跑了出去。後來母親告訴我，父親是上街買麵包去了。我不知父親跟母親之間的感情怎樣，他們曾經分開十多年，這段日子，父親會不會牽掛著他的枕邊人？

父親最突出的形象是他每天早上總是穿著睡衣上茶樓，人家的訕笑他從不理會。他喜歡沏一壺水仙，一邊吃甘香的叉燒包，一邊「歎」報紙。他離開我們之後，有好一段日子，每次上茶樓，我就想起父親，桌上自然沏了壺水仙，擺著叉燒包。

每年我總有兩次會想起父親，都是矇矇矓矓的，一次是農曆三月的清明，另一次是陽曆六月的父親節。父親離世已經有十五年了，那年我才十一歲。

一九八七年春

我是誰？

我是誰？我問自己。

潘霍華在他的《獄中書簡》有一首詩叫〈我是誰〉，但那個「我」是潘霍華的，不是我的，我是我，潘霍華是潘霍華。

我要重新思考、反省、整理我自己的過去，再做一次解釋：我是誰。然而，我發覺這一次的解釋跟過往的很不同，過往的解釋對象是一些發生了的事件，但今次的解釋的對象，卻是我過往的眾多解釋。

我是要對我自己過往眾多自我的解釋來一次小小的審查，我覺得很有意思，這是一次後設的解釋。

我細心把過往每一次的自我解釋鋪排出來，用腦袋的眼睛去一一檢視，然後發覺它們之間竟有許多出入、分別。舉個例子，不同時間寫的得救見證，會有不同的版本，不單是字眼上的差別，更是文字背後的自我形象的差異；不同版本的得救見證，會讓人對我產生不同的觀感和認識。

寫得救見證其實有公式。得救前怎樣、然後怎樣得救、然後得救後怎樣。

我會不自覺地想想得救前有甚麼生命的表現是跟得救相關的。我自己算是喜歡看書的人，小學五年級開始翻課外書，其實這是一件很普通的事，沒有甚麼值得驚奇，但我會把其中一些叫人驚奇的書籍說出來，例如，我會說：我小學時已看沙特的小說了。我根本看不懂，只是覺得很高深，真實的情況是，我那時喜歡看金庸的武俠小說，第一套看的是《碧血劍》。

我會有種傾向讓人知道我這個人原來年紀小小已經滿有「存在的經歷」，小看不得。我也以為自己如此，其實是自欺。

我又會告訴人家我念了兩年佛教小學、五年佛教中學，我懂得五戒、十二因緣、五蘊是些甚麼東西。若再問深一點，我定會瞠目結舌。

中學時在圖書館找到本很有趣的書，叫《幻日手記》，是殷海光的學生孟祥森寫的。殷海光很讚這本書，認為是「虛無主義」的好書，透徹玲瓏。我十分鍾愛此書，喜歡裏面展示出來的氣氛，但對我的「存在」沒有甚麼影響。可是我會以為自己的生命常常有灰色，說穿了，不過是一種情調的享受。

我想，真正感受到一些「存在的失落」是中學時追求女孩子失敗而生起的。那種感覺很真實，可卻不一定是那麼「存在主義式」。這種失落的感覺令我愛上了國文科有關莊子的文章、陶潛的詩、蘇東坡的散文，它們的作用是止痛劑、鎮定藥。但後來我會以為自己很愛念中文，雖然我的成績很不錯，卻對人家表示中學時我已喜歡中國文化。還有，那個時候我也喜歡中國歷史，因為每次考試成績都很好，於是拿來引證自己對中國鑾有負擔。一切皆不然。

念大專大一國文時，有次作文寫篇《我是個灰色的人》，以為自己是個悲觀虛無者，身邊常攜刀片，然後告訴人家，也許假期後你不會再看到我了。

從前以為自己對生命有很多存在的經驗和感受，其實甚麼也沒有，只是一個想當然的幻象。

現在我會以為，真正的我，不過是一個思想慢熱，毫不聰明，沒有慧根的普通人，不過，這個普通人在潛意識之中會為自己塑造一個假象，然後活在其中。但這也是解釋的一種。

了解自己是一個很困難的過程，自己會選擇一些合乎自己期望、形象的歷史事件來解釋自己生命的歷程。

然而，我們認識自己，卻又不能避免在一個解釋的過程中去認識自己，而解釋之所以可能，又在於解釋有其先前了解（pre-understanding），先前了解的內容，又是其過去的歷史賦予的。這一切都透過語言表達出來。

讀書人會有陷阱，透過語言，把別人的存在經歷「接收」過來，解釋自己的生命，但卻又不是自己生命的真象，不過假象而已，以為自己也是具有這些存在的經歷。

但，我又是誰？

也許上面的從沒解釋，仍有待解釋，於是，我就要不停地問下去：我是誰？一生一世，沒完沒了。

一九九〇年春

孩子，給你取名若山

（一）

孩子，給你取名若山，可好？爸爸喜歡這名字，媽媽喜歡這名字。可你喜歡這名字？

當你懂得喜歡，曉得生厭，你已被呼喚若山數以百次。還沒有意識思量，你已習慣了這個名字。宛如身體的一部分，如眼，如耳，如鼻，如舌，如身，如意，如影隨形。

（二）

命名，猶如上帝之創造，在紊亂混濁中，開拓出條理秩序。名字，把你分別開來，從芸芸眾生之中。天下間只得一個若山，爸媽心愛的孩子。你活在人世間，無所遁於天地。可這人世，天地，清明有時，混濁有時。白茫茫一片也好，黑漆漆一團也好，彼我如何分明？孩子，界分自我，將是往後一生的事業。

命名，猶如上帝的創造，在黑暗淵面中，透露出光明輝映。名字，把你顯明出來，從芸芸眾生之中。不再隱藏，遮蔽。可真是全然無隱無蔽？抑或只是剝落陌生，消除距離。還是權力伸延，主宰掌控。執於名字，封限了奧祕。孩子，你得用你一生，解釋顯明你自己，隱藏遮蔽你自己。解釋顯明，隱藏遮蔽，原是一事並了。

（三）

若山，孩子的名字，又豈只是孩子的名字。給你取名，豈不也反映爸媽的心思意念。你的名字，指向我們的生命，以回溯的方式；日後，你則以自身的一切，賦予具體的意義。山，可以包容環抱，可以孤峭聳立。五嶽形態不一，種種姿勢。若山，似若何山？

居於山中，屋前佇立著一座不高的山。樹木的深淺，清晰可見。風過山仍靜，空中傳來樹葉索索的聲響。山，寂然不動，於虛浮轉動的世間，成了一個象徵。山，育化萬物，於絕望虛無的世代，成了一個象徵。靜穆深邃，能持久；躍動無方，能流行。若山，似若何山？

一九九七年五月十三口

當醫生說，是個女孩子

（一）

當醫生說，是個女孩子，我們還沒給你取名。名字跟性別，究有何干？人家或說，這是男孩子的名字；人家或說，這是女孩子的名字；人家或說，這是那是男孩子女孩子的名字。

分類定形，可是人類頑固的天性？女孩子不能陽剛硬朗，男孩子不可溫柔細膩。這「不能」，這「不可」，尋常日用，從來不過問何以如此這般。名字的意義，千載萬世不易。以名字的意義規限男女，以名字的意義安定性別。先天的傳統，理所當然的迷思，在不識不思的文化氛圍中，不知不覺地延續著偏見，合法化欺壓，以名字的意義。

（二）

當醫生說，是個女孩子，我們還沒安定心情。心情跟性別，究有何干？孩子，當你還在成形的過程，爸媽的心情就隨著流轉起伏，無處著落。孩子，你究竟是誰？

或許，這將是一生一世的。從成孕那一刻開始，就注定了；我們的心情，將無可避免地牽纏著你的一切，直至離世的日子。在生與滅之間，心情宛如生命，變易不測。孩子，你的性別，又豈只是純粹醫學生理的意義。你肉體的生命，緊繫著社會與政治，經濟與文化，價值與意識。當前面的日子仍有待塑造，孩子，我們的心情又如何可能踏實？

（三）

當醫生說，是個女孩子，我們惟一可以確定的是，你是一個擁有自己身體的他者，佔有空間，在我們以外。然而，孩子，你得竭力保有這個空間，以種種方式，免得外來的權力延伸侵佔，假借種種名目。可是，孩子，你也得以身體為中介，與他者交往。

獨特的身體，固然不是延伸權力的工具，可也並非封閉自我的圍牆。獨特身體，固然不是權力蹂躪的客體，可也並非感官崇拜的對像。獨特的身體，孩子，界定自我，建立他者，於具體的處境、關係中。獨特的身體，孩子。

一九九七年七月二日

孩子，這是寫給你的嗎？

（一）

孩子，這是寫給你的嗎？

曾經流行過，雜誌編輯、專欄作家、神學院講師，爭先寫信給他們的孩子。男的也好，女的也好，一下子滿城溫馨，世界多美麗，明天會更好。何必硬說那是小資產階級的溫情？豈不煞風景。人家好端端的滿腔柔情愛意，借文字表明傳達，在人際疏離的現代城市，在含蓄收藏的傳統鄉村，倒該是個突破，締造新風氣、展示新人性、建立新典範。

（二）

孩子，這是寫給你的嗎？

那些先後刊登在報章雜誌，出版成書的文字，真是寫給他們的孩子嗎？人家背後的心思，如何看穿得了。不爭的是，原來是父／母跟子／女間的私人——縱使是單向的——心意表白，都公開了。因為要公開，「文字應否加點修飾？」「表達應否顧慮讀者的接受？」自然被提出來。我手寫我心。只是，當背後早已決定白紙黑字供人閱讀，心思意念又豈能不隨讀者的面貌、市場的需要而轉動。即或不然，多了一種顧慮，於題材的選擇、個人形象的貫徹或建立，總是難免的。

（三）

孩子，這是寫給你的嗎？

爸爸給你寫信，不過是種思想表達的形式。緣何把你牽纏在內？只能說，你，作為爸媽之間的第三者，引發了我們思考人生種種。當以你為焦點，重新審視太陽底下的物、事、人，竟有開拓眼界擴展視域的效果。意想不到。意想不到的觀點呈現，成形，被鋪陳出來。雖說不上甚麼永恆不易，但自我的開顯與建立，於這一寫作的過程中，成為可能。

固然，即使都是些意見，你終究是否看得懂，並無保證。爸爸沒有設想一個何種的你，沒有推算擁有怎樣素質的你，才看得懂我寫給你的這些。也許你永遠都不會懂，也許你很快就懂了。這又有何相干呢？因著給你寫信，我意識到你在我以外，我意識到這意識反省所呈現的自我，我意識到你我的成長兩不相離。孩子，這已經是不可計算的恩典，於我而言。

孩子，這是寫給你的，也是寫給我的。

一九九七年七月七日

輕重

不知道甚麼時候開始，習慣了「承受」是一個沈重的字眼。然後，很自然地，生命中不能承受之輕，理所當然。「承受」跟「重擔」掛鈎，成了承擔，跟著的是宏大異象，好大喜功。

火紅的歲月，早已逝去，如今忽然浮現的，不過拙劣的模仿。人家能夠，我們怎麼不可以？卻不識自己的淺薄。因為淺薄，所以以為非要承擔重擔不可。當今天下，捨我其誰？倒是豪語。只是，淺薄的生命承擔得了嗎？抑或，淺薄的生命借宏大異象膨漲自己？欺哄自己，也欺哄他人。忘了原來虛張聲勢。

重，所以重要。輕，可以輕忽。真的是這樣嗎？生命中不能承受之輕。輕，原來難以承受。輕，原來並不那麼輕。生命承受不了這原來並不那麼輕的輕。生命原來輕得可以，輕得承受不了這原來並不那麼輕的輕。於是，虛張聲勢。於是，自欺欺人。

生命中的輕，怎麼可以輕忽？怎麼不要小心輕放？生命原來就輕得可以。何以強要兩肩挑擔天下？何以強要一統江湖？何以強要圓一個理想主義者的夢？沈重的迷思。總要賦予生命沈重的意義。然後犧牲自己，犧牲身邊至愛的人。然後指手劃腳，代人發言。然後感覺良好，生命充滿意義。沈重的生命，如何可以承受得了輕？

虛假的大話，虛假的沈重，虛假的自我，虛假的他者。因為虛假，所以虛空；因為虛空，所以死寂。吞噬一切，以幻化的華麗引向死亡。自戕戕人。真正的虛無，由是而生。

生命的本來面目，究是如何？生命的軀，本來是輕省的，然後，蠢蠢欲動，何不扮演上帝？戲演得多，真以為自己就是上帝。背負天下蒼生的命途。我不入地獄，誰入地獄？結果一眾都隨之而活在地獄。降臨人間的是地獄。一切歸於無有。虛空的虛空。

輕省，活潑。小孩子可以進天國。心靈放手，方知戀棧虛無的沈重，生機斷絕。讓開一步，方知風景的流動，萬務都有定時，處處生機。

一九九八年七月十四日

閱讀，是一種生存方式

閱讀，是一種生存方式。在經濟危機底下，逆境求存成了全城的話題。這可不是茶餘飯後用以助興的話題。大家都是嚴肅的。於是，四出求生，交換情報，哪本祕笈有用、哪個課程奏效。看書買書的人一下子多了，以為這個城市還有希望，若不是心思迷糊，就是一廂情願。全都不過希冀在急難時找些即時有用可以裝備防身的生存技倆。都是生命的急救。

生命的急救，不過一時的。只是，這個城市，甚麼時候會覺得自己身子虛弱，需要固本培元？信仰羣體，豈又不跟隨這個城市一起墮落，甚或參與墮落。追求表面的風光，以為上帝會特別看顧，卻不知悔改，終不過把信仰當作隨時止痛的嗎啡。於是，一切閱讀，終不過是為了急救：包紮了表面的傷口，卻任由裏面腐毀。

我說的閱讀，是沈思式閱讀。我說的閱讀，是默想式閱讀。晝夜思想、咀嚼、消化、反芻，直至成為血肉。由是，我說，閱讀，是一種生存方式。我以閱讀抗衡浮淺。我說的浮淺，不再只是知識的浮淺。我要抗衡的，是我自己內在生命的浮淺；抗衡那種由急躁、即時有用、速率、惟利是圖而來的浮淺。

日子如何，生命也如何。果然不虛。閱讀的日子如何，生命也如何。我以緩慢來對付自己的生命。我想到米蘭．昆德拉的小說《緩慢》。我以緩慢的閱讀來對付自己為浮淺所包圍的生命。我的閱讀，是緩緩慢沈思式閱讀。我的閱讀，是緩慢默想式閱讀。我在緩慢的節奏中細細地咀嚼、消化、反芻，好化解那包圍我生命的急躁與短視。然後，我生存下來。

閱讀，於我，是一種生存方式。

一九九八年九月二十六日

寫作

我寫作，我存在。

這幾年間，我的生命跟寫作難以分割。生命與寫作並非互不相干的。於我，寫作是一種拆毀與重建的工作。看來簡單。我說的不單是知識、思想的問題。即使是知識、思想的領域，拆毀與重建也非易事。我說的是生命的領域。

正如我曾經說過，這幾年間寫的，只能算是習作。我可並非低貶自己所寫的一切，只是給予一個我認為是恰當的位置。習作，能拿出來出版的，也不容易。一方面固然能顯示我個人學思的成長，另一方面也許更有意義的是展示吸收消化再推陳出新並非想像中那麼容易。這是一段艱辛的旅程。

這樣的寫作，表面看來，不過是理性的操作，哪裏涉及生命的問題。我不知道人家的情況，但自己所經歷的，卻不是這麼一回事。我想的，寫的，即使是理論性的，也是我關心的。而要緊的是，我所關心的，都跟生命的存在分不開。

生命的存在，總有許多面向，身體的、政治的、經濟的、家庭的、住屋的、工作的、教會的……。簡單來説，人生在世，既然在世，那麼世間的一切無不跟生命搭上關係。人世間有多少種關係，就有多少種關懷的向度，而最後，都匯聚到生命本身。

我不喜歡還原主義。我不喜歡把人還原為單一元素。所以我關心人生在世的種種經歷，種種影響、塑造人性的元素、處境。因為這個緣故，我以理性分析批判的筆觸撰寫神學文章，嘗試揭露生命的本相，虛幻的跟真實的生命本相。

然而，也因為這個緣故，我在抽離、冷靜的文章以外，動手存在地寫作。於我，這是一種新的嘗試。我以自身的種種感受、經歷、遭遇、體會為素材，思考生命的不同存在面向，以非理性的筆觸為文，存在地寫作。這是一種深入自身與自身揭露其自己的寫作過程。

這樣，我的寫作，就成了發掘自身，認識自身，又為自身尋找出路、方向的一種生命動作。存在地寫作，也是存在地經歷生命自身。透過這樣的一種寫作，我更深刻地認識人生在世的艱難。只有這樣，我繼後的理論文字，就不是純粹不食人間煙火，雖然表象可能如此；然而，換另一個角度，何以不是冷峻的深情？

一九九九年五月四日

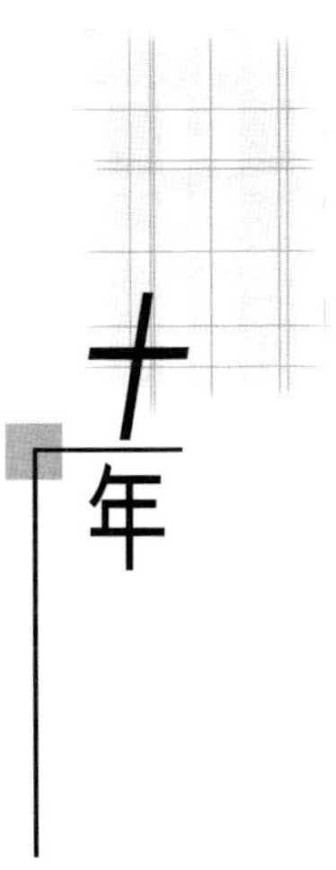

一晃，十年。我這是走得心頭百般滋味的十年，都是緣於昔日的抉擇，為要窺看苦難之後的模樣。於是，以盼望為目標，踏上歷史的崎嶇，追尋人間背後的可能。攜妻離家，留英三載，帶回來的是《莫特曼上帝的歷史》。

十年，無時不把「忘記是罪」掛在心頭。我們這一代，北方的火光生死烙印能有多深多久？大抵前塵如夢如風，轉身已是另一笑臉，奔向另一風景。這是人生的宿命。可我並不甘心，不以為理所當然。我遂反覆吟誦「忘記是不可饒恕的大罪」，直至刻骨縷心。

六月已至，於我心間。如今這般模樣，回首讀來，不過一個主詞的開顯。十年的種種，都是昔日的歷史效應。因此，我如今的生命，至少可以追溯至十年前的六月的那一天。那不是轉折，那是於混沌中的分別，那麼清晰地擺在眼前。人間的苦難。那是於混沌中破裂的日子。

那是混沌中破裂的日子，此後的一切，成了註腳。我以註腳去記念這日子，於思想、於造文、於做人。抗暴，成了我的主題。暴力，有形無形的暴力；暴力，宏觀微觀的暴力；暴力，言語非言語的暴力。我多麼渴想生活平靜、安寧。人間無事可記，卻又多姿多采。我多麼渴想，「記憶的救贖力量」已成歷史。

尋找盼望，尋找可能；實踐盼望，實踐可能。生命成了一場奮鬥。我於崎嶇的歷史中堅持、開拓主題的不同變奏，而回歸、落實至現實人生。一連串的字詞：同一、差異，自我、他者，主宰、解放，封閉、開放，去權、充權，絕望、盼望，冷漠、眷愛，死亡、復活……開展主題，以不同的姿態與力度。

我於現實人生中體驗這一連串字詞的姿態與力度。原來虛無的勢力滲透萬有，縱使奮鬥仍然可能，艱苦卻是其名字。人間艱苦，人間的奮鬥同樣艱苦。落於人間，此乃宿命，無可逃遁的生命存在的性相。只是，塵世的虛無破裂而出，傷害同樣成了宿命，無可逃遁的生命存在的性相。

十年，雖則體驗艱苦與傷害乃現實中不可避免的宿命，卻總不肯相信那是如理的，也不肯相信生機盡滅。縱然烏托邦乃子虛烏有，可空墳墓所生起的可能性卻是真實的。六月已至，於我心間。當我世故地說人生艱難，因為我記念著十年前的六月的那一天的人間困苦，還沒有撫平，因為我記取著此前此後人間無數的困苦，還沒有撫平。只是，我沒有絕望，當我窺見苦難之後的模樣；人間生機的可能乃是真實的。

一九九九年五月八日

能記得、能感動，就好了

十年生死，過去了就覺得彷如一瞬。其實這一瞬，回首讀來，冷暖自知。十年壓縮成一瞬，現在眼前，細味其中種種感情的轉移，究竟是自己明白就好了。

就好像十年前六月那天的事件，如今翻看圖片文字，雖仍心動，總不是昔日的激情。不一樣的心情，也不必然是覺今是而昨非。人不能老在高昂激動的強烈情緒中。心仍然有所感動，表示不麻木，就已經很好的了。更何況，十年生死，中間那麼多遭遇、經歷，感情都分配到別的處境去了，能記得、能感動，也就好了。

好像是去年吧，有人說過：解開心結吧。背後的意思想是，都那麼多年，何必執着，怎不放開一點，回歸的日子當該高興啊。如今想來，這些説話都是多餘的。人，都是善忘的。十年如一日不離不棄的已經愈來愈少，留一小撮人點綴，也好展示一下這個社會的多元。要擔心的只該是那些死不悔改派。

這些日子，記憶恆常在我心裏盤旋。因為寫稿的緣故，一層一層的翻閱自己的過去，以及如今的模樣，也就有種此情不再的觀察。這不能説是遺憾或難堪，不過是事過境遷，時間的距離遠了一點，感情的反應也就不一樣了。無疑，事是過了，歷史的效應還是延續下去的，沒有人知道以後的一切。

歷史的效應，最明顯的總是事件的頭幾年，我自己的經歷是一個例子。本來老早就決定要念博士學位的，事件發生了，論文的主題自自然然就出來了。花了三年完成學業，也不能不説因為感到時間的迫切，趕著回來。説承擔好像言重了一點，也太高抬了，到底是因為不捨、不忍，知道許多認識和不認識的人離去，心中很不是味兒，大難臨頭各自飛。

回頭說記憶。這不能不說是最明顯的歷史效應。總還是記得的，但慢慢地，發覺這並不浪漫、激情，尤其必須堅持下去的時刻。所以，能記得、能感動，也就好了。不必談甚麼別的。當然，寫稿搞理論的人難免禁不住出來解說一番，我自己就是這樣的人。「忘記是不可饒恕的大罪」、「記憶是救贖的力量」，重複多了，成了記憶，成了自己的生命，好像與生俱來。

十年生死，總有許多記憶，想要忘記都忘不了。母親的離世，孩子的出生，個人的橫逆，不捨和不忍的心情像是愈來愈揮之不去，雖然是淡淡的。其實，昔日曾經的激情，淡化了，淡淡的化入生活的許多不同層面、範圍的生死和橫逆，所以，總還是記得的，雖則是淡淡的。

一九九九年五月九日

寫給我的女人

（一）

我的女人，雖然已經是孩子的媽，多了一重身分，我還是喜歡看你為我的女人。你是我的女人。因為你是我的女人，所以你成了孩子的媽。我這是大男人的舉動嗎？

你是我的女人。結婚這麼多年，你隨著我流蕩。學業的流蕩，事業的流蕩，居所的流蕩，精神的流蕩。我總不能給你身心安頓，你隨著我身心的流蕩而不能安頓。

你因成了我的女人而不得不如此。可是，這是理所當然的嗎？我不以為如此。正因為你成了我的女人，我當以我的身心去給你安頓。男人理當如此。我這是大男人的思想嗎？

讓自己的女人活在幸福中，不當是男人當有的責任嗎？也許，這不該只是責任，而更是，這會叫我喜悅。就好像昔日，每天結一個不同動物或植物的摺紙放在你的案頭，只為稍微可以增添你生活的情趣，綻放燦爛的笑容。

流蕩之中，我還沒有學會悠閒。生活經常成了一張拉滿的弓。這卻給你帶來壓力。我總是不自覺的讓你不安。你是我的女人，然而，甚麼時候，我能以悠閒的身心去給你安頓，去讓你燦爛的笑容，如花綻放？

一九九九年二月一日

（二）

我翻開記憶，追尋昔日給你寫過又沒有給你收閱的短箋，想來也有十年八載了。

十年八載，昔日寫下的，如今還是那個意念，絲毫沒有因著寒暑變易、生死流轉而改動分毫。而該欣慰的是，我還在你的身邊。我沒有忘記我要比你活得長久。我從來沒有忘記。我比你活得長久，那你就毋須為我的離去而難以度日。

只是，我不知道我能否守諾。我必須設想意外的發生，作好準備。因此，我是多麼欣慰這些年間許多不離的好友，總是在我們遇上艱難的日子成為安慰。自然，我也不無失望，那些以為會扶你一把的蹤影全無，仿似人間蒸發。

以後的日子如何，難以預測，但我仍願我的渴望成真。若果不然，當下我亦不能以種種理由去合理化「我的先你而去」。一方面固然是因為此後的一切經歷全屬於你，另一方面也因為我並不願意你去承受那叫我心痛的死別。

如今，我把這些意念，以及由此意念觸發的感受，都寫下來。不過想要留下痕迹，讓有一天，雖死猶生，在你閱讀的時候。

一九九九年十月一日

改版的聯想

對許多人來說，一生人中，總有幾次很想改頭換面，縱使實行出來的少之又少。轉變是危險的，不變是安全的。所以有人以「一動不如一靜」為人生的座右銘。然而，我們也可以這樣理解，「一動不如一靜」是對應著「敵不動，我不動；敵動，我先動」的策略來說的。

當然，我們還是會問，在轉變的過程中，我們喪失了多少自我，我們放棄了多少理想？這是一種警惕性的思維方式，必要又必須的，特別在今天這個理想愈發墮落的世代。但也可以反過來從完全相反的角度來提問，在轉變的過程中，我們距離羣眾有多遠，我們安顧現實有多深？這同樣是一種警惕性的思維方式，必要又必須的。

我們恆常在這兩種提問中間尋找可行的道路。我們不會經常重新做人，而總是帶著自己過去或多或少或深或淺的痕迹去開拓新的生存空間。當然，在下面兩種情況底下又是例外的。其一是大徹大悟，覺今是而昨非，放下屠刀，斬斷過去，從此改頭換面。另一是魔道入心，徹底沈淪，成為負面的存有，一轉念而修惡到底。這兩者都完全否定過去。

過去，可以是資產也可以是負累，更多的是混雜不清，因此，要釐晰清楚，總不是一時一刻的。更多時候，在過程中反覆丟棄、重拾；試驗過程的長短繫於經驗的累積，但這也沒有必然的保證，不過是高度可能而已。經驗，總是有它一定的價值；然而，經驗愈多，危險也愈多，因為經驗會叫人鬆懈，以為一切盡在計算。

如臨深淵，如履薄冰，這不得不成了我今天當下此刻的心情。豈有豪情似舊時？單是豪情是不夠的，豪情如何同時是深情、是細水長流不可斷絕的柔情，方為要緊。拉雜寫下這些，原來是想針對文字出版的，最後竟發覺生命的存在也不過如此這般。或許，我早已把這兩者糾纏編織在一起，結果弄出如今這樣的一篇文章，這就看你自己如何解讀了。寫作和閱讀，就如飲水，冷暖自知。

一九九九年五月二十九日

迷醉我病

——讀 Anatole Broyard 的《病人狂想曲》(*Intoxicated by My Illness*)

迷醉我病，多美的意境，也多美的書名。

病，竟然可以迷醉其中。抑或，病，使我迷醉。都不打緊了。到底，我又怎麼可能把自己從病中分離出來，當病是我生命的狀態。醉在病中，也就跟真實生活遠了；生病讓人斷離實感，而可縱情恣意於想像世界，因而論詩。

「死或病都是一種詩，一種紊亂狀態。」

病中書寫，只因病中充滿隱喻，在神智之規律性紊亂的狀況底下，萬事萬物都以具體意象出現，故可「把想像力與藥物一同服食」。由此，而讓色彩斑斕的生命傾瀉而出。如蝴蝶之飛舞，舞進死亡，以最優雅之舞步、最獨特的風格。

雖死猶生。只有風格叫人不忘。病與死，都有嚇倒人的本事，叫人失掉人性，失掉獨特與眾不同的人性。只有風格，才可對付疾病。「只有堅持一種風格，才不致因被疾病貶抑、變形，而失去對自己的愛。」

當疾病與死亡來襲，我將同樣以獨特風格的書寫去面對，從而不失自我。「寫作於我是與病對抗。寫作強逼癌先通過我的個性、人格，才攫得住我。」「不發一言有時能致人於死。……死了，即不再是人。即失掉人性——而我認為語言、文字、故事、敍事，是保持人性的最有效方法。沈默不語等於是關閉人性之門。」

故此，當疾病與死亡來襲，將以桀驁不馴的姿勢來書寫生命的種種情境，以對付疾病與死亡的平面化威嚇。或者，在病中迷醉，不過是借病而比前更本色地活出生命。我病，乃我「擁有」我的病，我因此而可以為我的病建立風格、塑造特色。只有迷醉病中，我的生命才可如此繁華多姿。

「病至將死，所餘即風格問題。」

沒有比這更深得我心。書寫、生命、疾病、死亡，全都可以統合起來，冠之以風格二字。而風格，與迷醉不離。

一九九九年七月十四日

堅持的姿勢：不滿與反叛

算來，涉足文字這個圈子已經十六年了。當然，以種種不同的方式，譬如說全職的、義務的，打雜實務的、方向策劃的；譬如說作者、譯者，編輯、顧問。隨著時日的推移，也就目睹這個圈子的生態盛衰，雜誌的興亡，人事的來去，理想的生滅。自然，不能以成敗論英雄，此時此刻，很多都成了一盤生意。

這也不是說可以妄顧生存，只是，還是那一句話，在求存之餘，倒要自問：喪失了的有多少？在夾縫中過活並不好受，但這卻可能是惟一的道路。或許，我們生不逢時，形勢早已失利。於是，不少人妥協、退縮，逐漸讓理想凋萎，或是意興闌珊，心灰意懶。一代過去，一代又來，堅持下去的，卻愈來愈少。

我不想說堅持下去的有多偉大，好支持自己坐上總編輯這個位子，即使是義務的。但這總是一種姿勢，表明自己對文字的一點執著。其實，人可以很容易找藉口的，尤其是我現在這種情況，教學、研究和寫作，佔了超過三分一的時間，還有的就是妻子和女兒，她們絕對有權利要求我專心跟她們說話和遊戲。我惟一可以選擇的是減去本來就已經不多的外間講座和客座教學。

在外圍叫嚷、聲援，固然可以收打氣之效，可是，日子久了，不免讓人懷疑誠意與承擔。所謂精神上的支持，反過來就是行動上的退縮。這話可能說得過火，但眼下許多跑江湖的，可不正是這樣。在這樣的理解底下，我的堅持跟參與，不能不說是源於一種不滿，以及少年存留下來的反叛。是的，也許我的出任，正是表明以一種不滿與反叛的姿勢，在艱難的時代中，繼續走難走的窄路。

一九九九年九月十日

輯四

讀後

紹光曾經是我的鄰居

胡燕青

紹光曾經是我的鄰居。鄰居的意思是這樣的：有一段日子，紹光和我都在《時代論壇》的副刊上寫專欄，同樣是每三個星期才出現一次的稀客，同樣在那個七百字的小園地用自己性別的「鄉談」說話，同樣因著一種奇異的性情而被稱為感性作者，同樣通過一種近乎默觀的嗜好（或沈迷）來閱讀世界。我喜歡紹光的散文，原因同樣這麼簡單。所以，當我讀到這一段話，我更覺得紹光不但是一個打打招呼的鄰居，更是個一見如故的文字朋友：

我說的閱讀，是沈思式閱讀。我說的閱讀，是默想式閱讀。晝夜思想、咀嚼、消化、反芻，直至成為血肉。由是，

我說，閱讀，是一種生存方式。我以閱讀抗衡浮淺。

在香港，我們接觸到的散文，大都是一種聊天式的意見發表。專欄文章尤其如此。紹光的散文卻能離開交代情節的浮泛、逸脫論據當道的邏輯、避免批評泛濫的自義。在字裏行間閃動的，是情懷，是觀照，是自省。充沛的感情間，個人思路在筆鋒與紙張的交接處準確地溢出，常常叫我有一種忽然覺悟的感覺：

流蕩之中，我還沒有學會悠閒。生活經常成了一張拉滿的弓⋯⋯

心遠地自偏。短暫，出神。絕非平常生活。倒是經驗告訴我，地偏心自遠。這是常情。

溫柔的紹光原也是反叛的，卻並不曾誤入時下那種為反叛而反叛的壞習慣、惡潮流。紹光的反叛建基於對膚淺的拒絕，是無法停止的尋根究柢的力量在運作，是尊重無盡，是推翻固有，是抗拒一切宿命終點的決心，是創作和深度的開始：

> 不合常理的，並非就是不合理。只有不合常理，才能引發思想，並且是深沈而非淺薄的。
>
> 生命的本來面目，究是如何？生命的軛，本來是輕省的，然後，蠢蠢欲動，何不扮演上帝？戲演得多，真以為自己就是上帝。背負天下蒼生的命途。我不入地獄，誰入地獄？結果一眾都隨之而活在地獄。

這種發人深省的視力與逼力，讓我這個只懂得寫一點抒情小品的人眼界大開。身為女性，我感覺到一個男性的觀物角度如何補充了我視野的狹彎，如何圓滿了我女性的好奇。紹光對性別的看法，大概不能討好全部的女性，但對於願意追求和諧的女性讀者來說，紹光的男性筆觸帶著一種平等的、邀請的友善。我極喜歡他寫父親的這段文字：

第一次聽到父親向人介紹母親：「這是我的女人。」……父親說得那麼動聽，彷彿不在介紹。固然不是獨白。那是對白，是跟母親講的：「你是我的女人。」間接的，繞一個圈子，轉折地經過第三者，跟母親講：「你是我的女人。」

紹光是讀哲學的，當然也讀神學，他在這方面的學力，我自然望塵莫及。叫人吃驚的是，他比我這個讀文學的人，接觸文學作品還要多。我看到他文章中提及的當代香港作品，不能不訝異於紹光閱讀幅度的廣闊。他讀的書，不是到處買得到的書。在香港，這些作品雖然常常拿獎，但對讀者的要求很高，將之稱為「陽春白雪」（褒義地）也不過分。我只能說，在文學的品味上，紹光是個內行。他這麼年輕，踏足幾個學術文化界別，實在讓我大開眼界。我覺得每天只有二十四小時的事實非常殘酷，我連睡也睡不飽，哪來時間把自己裝備得這樣好？為此，我更佩服紹光。我希望這位舊日的文字鄰居教教我，教我如何分配時間，如何吸收學問，如何感受身邊的人，如何在做一個嬰孩感性的爸爸之餘，做一個學者，做一個老師，做一個總編輯，做一個有深度的散文家。但願紹光繼續寫下去，把這一身絕技都傳授給我們。

「改版的聯想」的聯想

——進入詮釋的迷宮

莊柔玉

在華人基督教的讀物中，較少碰到看不明的文章。看不明，可能是表達的手法朦朧晦澀、若隱若現，或風格新穎詭譎、難於捉摸；也可能是內容層次縱橫交錯，同時展現多重立體交疊的思想時空，以至影象迷濛、意境紛繁；也可能是兩者的混合體，又或是其他尚未探討的可能性。

在基督教的中文刊物上較少碰到看不明的文章，也許是由於華人基督徒羣體活在文以載道的大使命下，往往抱有傳揚真理，把真理愈辯愈明的文宣意識。於是，澄徹明達的文章成為文字世界的主流，作者務求在與讀者四目交投的一剎那間，把最豐富最具體最鮮明最直接的符號訊息盡情發放。於是，作者努力遷就讀者的需要，甚至同時扮演讀者的角色，抽絲剝繭，由淺入深，由遠到近，由明到暗，由局部到全體，由具體到抽象，由外到內……反之亦然，關鍵是要章法嚴明，有板有眼，務使訊息活靈活現地鋪陳讀者眼前。總之，讀者若然看不明白，責任必落在作者身上；作者豈能不悉力以赴，務必把最潛藏最隱晦最難以名狀最錯綜複雜的意念，都以最巨細無遺、清晰明確的方法描述出來。

能通過文字達到思想交流、情感會通，當然是值得欣慰的事情。事實上，循上述所說的章法格局寫作而令人拍案叫絕者，大有文章在。假如每篇文章都朝這個方向進發，定必匯聚成一股澎湃的載道明志潮，席捲讀者的閱讀世界，因而建構了一片剛勁雄渾清湛透明的文字天地。這確是美事，不過，任何風格都有得有失，在這滔波瀾壯闊的書寫浪潮中，也許有一樣東西會給翻滾而來的巨浪淹沒了。那就是讀者的詮釋空間——人類腦部結構中有機的接收、想像、分析、欣賞、批判與再批判、創作與再創造部分所開拓的無限空間。

讀鄧紹光的〈改版的聯想〉，立時有種心靈的震盪，好像一些丟失了的東西重新被拾回，又或久違了的事情忽爾湧現，又或是一個遙遠的回憶徐徐飄至。細心察看，原來是讀者的主動意識給喚醒了。在一篇仿似艱澀難明、深不見底的文章背後，是一個宏大深邃的詮釋空間——作者通過層層遞進的自省歷程，從出版反思到人生策略到思維方式到理想與現實的辯證到生存空間的探問到人生經驗的剖析到承擔情懷的省思，每個意念緊緊相扣，點到即止，讀者如要明白箇中關係，必須主動地加入自己的詮釋，才能進入作者綿綿無盡的意識流當中，與作者載浮載沈於亦動亦靜、忽明忽暗、無邊無際、沒完沒了的詮釋天地。在那裏，看得明與否不再是最重要的事情，因為主動意識的板機已給拉動了，讀者已進了一個糅合了生命的理想、熱情、柔盾、質問、反思等等的領域，給作者疊疊推進的浪濤不斷拍打著、沖擊著。霎時間，由文字敞開的思想海岸捲起了一潮潮理智而豪情、堅執而豁達、深沈而桀驁的驚濤；轉瞬間，迎面又撲來一排排忠於信念而不固步自封、堅守真理而不墨守成規、圖強求變卻實而不華的駭浪——奧妙的，另類的；多麼近，又多麼遠；時而洶湧，時而飄忽。讀者既可爭相走避，免被沾濕，又可暢游其中，與浪共舞。

原來，能做一個普通靜態的讀者，不是理所當然的事情。閱讀竟然是一個不斷作出決定的過程：讀與不讀、怎樣去讀、讀到哪裏、如何還原解讀或解讀自己的解讀……讀者竟然要不斷迎接挑戰，不斷接受或拒絕邀請，不斷在文章中來回走動，才能為文字、作者、自己定位，甚至為其他讀者、相關文本、文字背後的文化社會等定位。讀者或可隨遇而安，接受浮動的無定位存在而又閒逸地穿梭於不同的境域並游於無窮；又或一笑置之，重回閱讀文章前凝固於天地之間的心理時空而不會感到忐忑無常。看文章的一瞬，不同讀者已各自展開了不同的閱讀歷程，不管是同途異向，還是殊途同歸，總之，多元多向，各適其適，又互有關連，遙相呼應。其中所感所思，就如〈改版的聯想〉篇末所說：「寫作和閱讀，就如飲水，冷暖自知」。也許，這正是文章最獨特的地方，因為作者從四方八面把被動的讀者由文字世界中牽引出來，使讀者像他一樣成為主動的生命求索者，在一圈又一圈往外擴散的思想漣漪中，觀照自我、人生、宇宙、穹蒼的倒影。無論文章看得懂與否，讀者已墮入了詮釋迷宮中；改版與不改版，也許不再是問題的核心了；因為改版的考慮，原來不能抽離於浩瀚恢弘的存在迷宮來單獨界說：to be or not to be that is the question。好一個殘酷的作者！

此後之前讀後記

陳佐才

這不是一本可以囫圇吞棗，即食快食的書。也不是一本只用理性去分析的書。

看的時候，最好坐在窗前，望著遠山，一口一口呷著濃茶，然後一頁一頁的去感受。

感受甚麼？

感受作者「存在地寫作」，試與作者的心思互動，進入書中所說的：「我想的，寫的，即使是理論性的，也是我關心的。而要緊的是，我所關心的，都跟生命的存在分不開。生命的存在，總有許多面向，身體的、政治的、經濟的、家庭的、位屋的、工作的、社會的……。」（頁132）

感受一下作者謎一般的文字。這不是作者有意刁難讀者，而是就如作者所言，文字的功能本來就應如是。作者說：「文字如水，生化萬有。水若是了無生氣的死水一潭，世界即成枯寂。文字的寫作，必須行雲流水，起始終結，俱要無方無所，淡入淡出，了無痕迹……文字必須在寫作中冥化，消融於具體的情境……文字的寫作，因而是開放的、游移的、飄泊的，因而是難解的謎語。」（頁83-84）

感受那似是灰色的情調，但卻對人間希望不離不棄。生命固然呈現珍貴的經驗和感受，但看深一層，不少的經驗和感受其實充滿虛幻。雖然如此，生命也許就在這不停的建立和摧毀中，呈現無比生趣，洋溢著置諸死地而後生的希望。作者有一篇說：「……我記念著十年前的六月的那一天的人間困苦，還沒有撫平，因為我記取著此前此後人間無數的困苦，還沒有撫平。只是，我沒有絕望，當我窺見苦難之後的模樣；人間生機的可能乃是真實的。」（頁136）

感受那難禁得住的真情。書中的情調不是奔放的，是收多於發的有保留的，但作者的真情卻有禁不住的剎那。〈出門〉和〈回家〉這兩篇清楚地表現出來，「大概你不會想念爸爸的了。我多麼希望如此。

當你想念爸爸時，卻又遍尋不獲，不在睡房，不在廚房，不在浴室，不在家，你就會哭鬧起來，想／寫到這裏，我是多麼的心痛，我的不在，讓你傷痛。

「我寧願你看不見我，也就不會想起我；不會想起我，也就不會要找我，也就不會因為找不著而嚎哭起來，觸動你媽媽敏感的心靈。我只有請你媽別在你面前提起『爸爸』，直到我的回來。」（頁90-91）

感受……

其實要寫的感受還有很多，不過筆者不繼續說下去了，就算我是作了個起始，讓其他讀者們繼續感受下去罷。在香港，可以寫好的文學創作的人不多，可以寫好的文學創作同時又是神學工作者的更少，讓我在這裏恭喜鄧紹光博士的嘗試，希望他能繼續下去，寫多一點，激發我們更多更豐盛的感受。

讀後

李錦洪

傳說希臘神話中，豐姿俊逸的美少年拿西撒斯，因為愛上自己在水中的倒影，卻無法觸及那樣的美麗，終於悲傷地死去，死後變成了一株水仙花，永遠臨水顧盼自己水中的容貌。

從現代心理學分析，這種「狂戀青春症侯羣」被視為少年十五二十時的心理狀態，對自己外型的重視與眷戀，用盡方法把青春美態留住。

朋輩中不乏具有這種少年水仙花豐采者，但為我所欣賞佩服，卻是在心態上保存著水仙的清幽氣質，自信而不驕矜，擇善而非執迷的人，（儘管人到中年，身型與外貌都會改變，心中雅逸不移。）

與紹光相交逾十載，淡若清水，不帶激情，正因如此，充分感受到他那份獨特的男人味——篤誠可靠，沈實的浪漫，溫柔的自信，這一切都可從他筆尖所沾帶的感情，可以觸摸和感通。

人生仿如戰陣，列陣固然重要，但變陣才是決勝之道，他曾經想過做商人，醉心做詩人，現在則當上了神學人，生活累積更多的智慧，信仰歷煉更高的信念。可以在學術殿堂洋洋灑灑發表萬言論說，在方塊文章輕輕盈盈譜寫心中快意。自覺是個在橋上看風景的人，原來自己早成風景。

翻開書中稿，如坐溪水旁，獨酌看風景。

男人，可以美麗，可以可愛。

讀者意見表

緊扣時代 服事教會

以文字傳揚基督真道

衷心多謝你購買本社書籍。本社一直致力以出版事工服事教會，幫助信徒扎根於神的話語，促進靈命增長。為使我們的出版更能滿足你的需要，請填寫下列各項資料，並寄回或傳真予本社。

所購書籍：________________

本書最吸引你的地方：

☐作者 ☐適切性 ☐文筆 ☐設計 ☐實用性

☐其他：________________

購買本書地點：

☐基道書樓 ☐基督教書店 ☐非基督教書店

性別：☐男 ☐女 職業：________________

信仰：☐基督徒 ☐非基督徒

年齡：☐ 16 歲或以下 ☐ 17～25 歲 ☐ 26～35 歲

☐ 36～55 歲 ☐ 56 歲或以上

學歷：☐中三或以下 ☐中五 ☐預科

☐大學 ☐研究院

☐我欲更多了解基道出版社的事工及考慮支持，請寄給我下列資料：

☐機構簡介 ☐新書資料 ☐「書中行」書會資料

☐《基道文字事工通訊》

姓名：________________ 電話：________________

地址：________________

____

傳真：________________ 電子郵件：________________

其他意見：________________

____

多謝賜教！

意見表可以傳真（2687-0281）或直接郵寄以下地址：
香港沙田火炭坳背灣街26號富騰工業中心1011室
基道出版社編輯部收